図書館の現場6

図書館はまちの真ん中

静岡市立御幸町図書館の挑戦

竹内比呂也
豊田高広
平野雅彦

keiso shobo

はしがき

今、図書館は館種をこえて変革期を迎えている。その要因の一つがインターネットに代表される情報通信技術の発展にあるのはまちがいない。しかし公共図書館においては、その影響よりもむしろ図書館サービスや経営についての環境の変化がもたらした「荒波」の影響のほうがずっと大きいように思われる。

『中小都市における公共図書館の運営（いわゆる『中小レポート』）』（一九六三年）や『市民の図書館』（一九七〇年）、そしてこれらの文書が発表された時期の東京多摩地区の公共図書館サービスの実践は、わが国の公共図書館界に貸出と児童サービスを中心としたサービスモデルを提示した。このモデルは、利用者からのリクエストに全幅の信頼を置くという姿勢とあいまって、市民に図書館を身近なものと感じてもらうことに成功した。それによって図書館利用者を大幅に増加させたし、これをモデルとするような公共図書館の設置を各地で推進するという点においても大きな成果を上げた。しかし、一定の成果を上げた後も貸出だけを過度に重視したことが、その後の公共図書館サービスの多様な展開の道を狭めてしまったように思われる。

今日「指定管理者制度」のような、新たな管理制度が公共図書館を含むさまざまな公的機関に導入されようとしている。これに対して理論的な反論は容易であるが、政治あるいは行政は常に理論で動くわけではなく、時には「住民の声」とか「世論」が大きな決定要因となる。地域住民が「何らかの行動を起こして図書館を守ってやろう」と思ってくれるような、あるいは「そのようなサービスを提供してくれるのはその図書館で働く優れた専門職の人たちに他ならない」と思ってくれるようなサービスをこれまでの公共図書館が提供してきたかどうかが改めて問われることになった。

本書は、公共図書館がこのような荒波にもまれ変革を求められているなかで、図書館サービスの変革に向けて二〇〇四年秋にその一歩を踏み出した静岡市立御幸町図書館の開館にいたるまでの議論と開館後の実践を記述したものである。本書では、この記述を通じてこれからの公共図書館のあるべき姿の一つを描き出そうとした。公共図書館サービスは、いわゆるナショナル・ミニマムとしてすべての住民が等しく享受できるサービスと、その図書館がよってたつコミュニティの状況に応じて提供されるサービスに分けて考えることができる。しかしどのような種類のサービスをどんなレベルでサービスすることをナショナル・ミニマムとするかについては文部科学大臣告示『公立図書館の設置及び運営上の望ましい基準』（二〇〇一年）も具体的に示しているわけではないし、それを受けて図書館界で十分議論されているようにも思われない。しかし、多くの図書館でこれまで実践されてきたような貸出やレファレンス・サービスが、図書館の基本サービスとして提供されるのは当然のことと誰もが思っているだろう。それに加えて、そのコミュニティにおいてふさわしいサービスは何かということを考える責務を各図書館は負っている。本書に描かれている御幸町図書館は、ビジネス支援と外国人住民を対象とした多言語サービスを新たな軸としたサービスを発展させることによってその責務を果たそうとしてきた。なぜならそうすることが静岡市にとって、そして静岡市民にとって必要なことであったからである。

ここで本書の内容について簡単に述べておこう。冒頭から第五章までは、御幸町図書館の生育記録ともいうべきものであり、サービスの基本的な考え方、ビジネス支援の実践、そのためのコレクション形成、他機関との連携を中心に現状を描き出した。第六章は御幸町図書館をベースに展開した市民活動の記録である。第五章までが、図書館内部から見た御幸町図書館の諸活動を描いているのに対し、第六章は、外側から御幸町図書館を支えた活動を描いている。これまでの公共図書館活動のなかで、このような形での市民の参画はあっただろうか。図書館の可能性を市民自らが示そうとした貴重な記録と言えよう。第七章は、御幸町図書館の実践を踏まえながらも、図書館を支える人材の問題についてやや客観的に記述したものとなっている。人材養成の問題は図書館情報学教育という文脈では近年盛んに論じられているが、本章では、現場の視点からこの問題について論じようとした。そして第八章では御幸町図書館が開館にいたるまでの経緯を中心にまとめた。

全国の公共図書館がコミュニティのニーズを満たすためにさまざまな取り組みをしていると思われるが、全国レベルではごくわずかの図書館――例えば滋賀県内各地の公共図書館、あるいは浦安市立図書館や市川市立図書館――が注目されてきたにすぎない。しかし、それぞれの公共図書館がおかれている環境の多様性を考えれば、それらの広く知られた図書館だけがわが国の公共図書館にとっての発展モデルではないことは自明である。

御幸町図書館は、中心市街地再開発ビルの中に設置され、市街地活性化や産業振興といった地方都市が抱える共通の政策課題に取り組む機関として、図書館以外の公的機関と連携しながら図書館の新たな役割と可能性を模索してきた。その結果が大成功を収めたと現時点で言えるかどうかはわからない。図書館サービスは社会における基盤的なサービスであり、簡単に目に見える結果が出るものではないからである。

そのように考えると、本書は決して「サクセス・ストーリー」ではなく、いわば「思考」と

「試行」の苦闘の歴史を記述したものであるし、現状では単なる通過点を記述しているにすぎない。しかしあえてこのようなものを世に問うのは、それがこれまでの図書館の実践から多くを学びながら新しいものを生み出そうとしてきた私たちの責務であると考えるからである。この試みの成果を享受すべきはまずは静岡市民であるが、本書を公にすることによって、多くの図書館関係者にとっても参考になるものとなれば、それは私たちにとって望外の喜びである。御幸町図書館を超えた優れたサービスを提供する公共図書館がわが国に数多く生まれることを願ってやまない。

図書館はまちの真ん中／目次

はじめに

第一章　街場の図書館はビジネスに効くか……豊田　高広　1

1　オープン二年目のイベントから　1
2　女性起業家たちの言葉　3
3　図書館は情報を探すためのシカケ　5
4　館内散策でアイデアを探そう　6
5　市場調査は既存データの収集から　7
6　苦手分野克服のヒントも図書館で　9
7　まちの真ん中の図書館から　10

第二章　御幸町図書館とは……豊田　高広　11

1　はじめに　11
2　御幸町図書館のミッション　13
3　ビジネス支援サービス　17

4　多言語サービス　25
5　御幸町図書館の組織と広報　29
6　職員の育成　33
7　市町村立図書館にとってのビジネス支援サービスと多言語サービス　36
8　市町村立図書館へのアドバイス　37

第三章　ビジネス支援サービスで選書が変わる……豊田　高広　41
1　ビジネス支援は期待されているか　41
2　欲求に従う選書・欲求を掘り起こす選書　43
3　読むための選書・使うための選書　50

第四章　連携がビジネス支援を可能にする……豊田　高広　53
1　ビジネス支援に不可欠の条件　53
2　御幸町図書館と産学交流センターの概要　56

3　御幸町図書館と産学交流センターの関係　57
4　産学交流センターとの連携　58
5　産学交流センター以外の機関との連携　60
6　連携の意義と条件　61
7　取り組まなければわからなかったこと　65

第五章　ニーズを知り、組織を変える……………………豊田　高広　67
1　新規顧客の開拓に取り組む理由　67
2　人はなぜ図書館を利用しないのか　69
3　「提案型営業」への挑戦　73
4　「気づき」を生む選書ワークショップ　75
5　「学習する組織」に向かって　77
6　公共図書館の強みは何か　81

第六章　市民が活動し、図書館を支える……………………平野　雅彦　83

1　情報編集の達人が図書館やまちをおもしろくする　83
2　「オムスビスト」って何だ　85
3　運営スタッフをどうするか　89
4　一流のキーパーソンはなぜ図書館を使わないのか　92
5　「読書ないす」の提案　100
6　静岡大学での新しい試み　104

第七章　人材を確保し、育てる……………竹内　比呂也　111

1　図書館員に関する議論の前提　111
2　御幸町図書館での議論　117
3　御幸町図書館に求められる人材とその確保　119
4　館長のリーダーシップと人材マネージメント　124

第八章　まちの真ん中に図書館をつくる……………豊田　高広　133

1　御幸町図書館で何が始まったのか　133

2　一枚の新聞記事から　135
3　図書館ネットワーク計画　138
4　まちの「頭脳」・独学者の「学校」　140
5　NYパブリック・ライブラリーと出会う　143
6　地域館リニューアル　146
7　静岡市立図書館の使命　151
8　市街地再開発と図書館　154
9　基本構想まとまる　157
10　産業政策課との二人三脚　162
11　ニーズはどこにあるか　165
12　開館へ　170

あとがき……………………177

第一章　街場の図書館はビジネスに効くか

豊田　高広

1　オープン二年目のイベントから

二〇〇六年九月八日、静岡市最大の繁華街の真ん中に位置するビルの一室には、年齢も性別もまちまちの五〇人近い人々が集まり、静かな熱気が感じられた。ここは二〇〇四年九月のオープンから二年が経つ再開発ビル、ペガサートの六階、静岡市産学交流センターの会議室である。ペガサートの六・七階にある静岡市産学交流センターと、同じく四・五階にある静岡市立御幸町図書館の共催で「ＳＯＨＯしずおかビジネスプランコンテスト・チャレンジ応援セミナー」という名前のイベントが始まったところだ。

ＳＯＨＯしずおかビジネスプランコンテストは、ＳＯＨＯ育成のためのインキュベーション施設として全国にその名を知られるＳＯＨＯしずおかと、ペガサート内に静岡市が設置した産学交流センターが主催する、ＳＯＨＯ起業の登竜門的事業である。今年で五回目を数えるが、これまで図書館が直接に関わったことはなかった。

チャレンジ応援セミナーは図書館側から提案し、今回がはじめての試みである。いわば主催者側がコンテストの必勝法を公開して手の内を明かすというものだが、真の意図はコンテスト応募をきっかけに産学交流センターと御幸町図書館のビジネス支援の取り組みを実際に使っていただくためのＰＲというところにある。今回は、この企画を発案したのが七月の下旬でＰＲの時間がなかったが、産学交流センターのスタッフの骨折りで多数の方々の参加を得ることができたのである。参加者の多くは起業家志願者であろうと思われた。

セミナーは三部構成である。まず、過去の優勝者二人をパネリストに迎えてのパネルディスカッション。次がパネルディスカッションの司会も務める中小企業診断士による必勝法講義。この方は、コンテストの予備審査とそこを通過した応募者へのアドバイザーも務めている。パネリストは三人とも女性で、柔らかな雰囲気が漂う催しとなった。最後に「御幸町図書館を使い倒して、ビジネスプランの達人になろう」と題したプレゼンテーションを、御幸町図書館の館長を務める私が行なった。

私のプレゼンテーションの要点は以下の四つである。

1　図書館は情報を探すためのシカケ（図書館員は情報プロ）。
2　館内散策でアイデアを探そう（アイデアのビジネス化）。
3　市場調査は既存データの収集から（事業可能性の判断）。
4　苦手分野克服のヒントも図書館で（事業計画書の作成）。

ビジネスを目的とする利用者の側から見た公共図書館の使い方について私なりに整理ができたと思うが、詳しくは後で述べることにしよう。

2　女性起業家たちの言葉

最初にも書いたとおり、会場の熱気はかなりのもので質疑応答も長時間にわたった。私も図書館が提供する商用データベースなどに関連して複数の質問を受けた。私にとって何よりの収穫だったのは、それぞれカフェ兼小売店舗とネットショップを経営する二人のパネリストが、優勝後から現在に至るまで図書館のハードユーザーであるという話がうかがえたことであった。

カフェの経営者は、事務の仕事の経験しかなかったので退職してから開店までの期間、週に一度は来館してサービス業や飲食業の本を中心に利用してくださっていたとのことである。未経験のため不安な部分を埋めるのに役立ったそうだ。クレーム対応の本などとても興味深く読んだということである。

ネットショップの経営者は、経営の専門的なことがまったくわからず原価計算の本やマーケティングの本を中心に図書館の資料を借りてくださったとのことだ。よくわからない分野なのに本はたくさん出版されているから、端から買っていくわけにもいかないというのは頷ける指摘である。借りてみて気に入った部分は抜き書きを作りときどき読み返すそうで、「その方が買うより頭に入る」とおっしゃっていた。コンテストの予備審査後に中小企業診断士から受けたアドバイスをきっかけに、事業をさらに発展させるためには経営に関する知識が必要と考えて、図書館を利用されるようになったという。

私のプレゼンテーションの内容に即して説明すれば、いずれも「苦手分野克服」のための図書館利用ということができるだろう。お二人のうちどなたの発言だったか、「今思うと、もっと早く利用していれば、コンテストにもきっと役立ったでしょう、とにかくあのときは余裕がなかったので」とおっしゃったのが印象的だった。今回の催しによって、私は個人的にも図書館は本当に起業に役立つのだと実感することができた。

以下に私のプレゼンテーションを再現することにより、御幸町図書館がビジネスにどう役に立っているのか、実例を交えて具体的に示してみたい。

3　図書館は情報を探すためのシカケ

図書館ではいろんな読み物を借りることができるのは、皆様もご存知のとおりです。でも、それだけの使い方ではもったいない。御幸町図書館には、二〇人以上のスタッフが働いています。その大部分は司書やサーチャーという資格をもつ情報探し＝レファレンス・サービスのプロとしての教育を受け勉強をしています。「情報がほしい、資料を探したい」と思ったら気軽に声をかけてください。「わからないことがわからない」ということもあるかもしれません。それでもだいじょうぶ。モヤモヤも図書館員のインタビューですっきりすることが多いのです。静岡市立図書館にある資料だけが探索の対象ではありません。他の機関にある資料や相談窓口を探すのも図書館の仕事です。「あそこ（御幸町）にあるはずはない」とあきらめないでください。御幸町図書館は、世界と同じサイズの巨大な情報ネットワークのハブの一つなのです！

もちろん、ご利用の皆様のプライバシーは厳守しますから、安心して使っていただけます。

御幸町図書館の実例をお話しましょう。たとえば、六法にも載っていないような法律について、研究論文を読みたいという要望をいただきました。静岡市立図書館はもちろん静岡県立図書館や近隣の大学図書館にもないことがわかりましたが、結局、論文のコピー（有料）を東京の国立国会図書館から取り寄せることができました。ある分野の小売店の接客マニュアルを作るのに参考になるものはないかというお尋ねをいただき、一般書店では販売されていない、国立国会図書館だけが所蔵している数万円の本をご紹介したこともあります。もちろん、本日共催いただいている静岡市産学交流センターのような専門の相談機関へのご案内もしております。ご要望どおりの資料を探すレファレンス・サービスや、御幸町図書館が主催するマン・ツー・マンのデータベース講習会でよく耳にするのは「こんなに便利ならもっと早く使えばよかった」という声です。これから、起業の各段階に沿って図書館のもっと具体的な使い方をお話しします。聞き逃さないでくださいね。

4 館内散策でアイデアを探そう

起業の最初の段階は、ビジネスになるアイデアを見つけることです。そこで早速図書館が役立ちます。まずは五階の玄関近くにある起業関連書のコーナーへどうぞ。この三年ほどの間に出版された起業のための「お役立ち本」数百冊がコンパクトに揃っています。窓口に見えたお客様をご案内することがいちばん多いコーナーでもあります。

起業関連書のコーナーに限らず、御幸町図書館の棚は「見せる」棚です。表紙を見せた本と関連するリーフレットやチラシ、そして新聞記事や雑誌記事の切り抜きをアレンジしたミニコーナーが館内のあちらこちらで散策するあなたの目を引きつけることでしょう。四階・五階を問わず、書架を隅から隅まで眺めて森羅万象の動向をチェックしてください。これは、特定の分野に「特化」した専門図書館では不可能なことです。郷土静岡に関連する図書や雑誌も五階の真ん中あたりに集中しています。静岡県や県内各市町村の統計から、地元企業の社史まで思わぬ情報が見つかりますよ。

これも御幸町図書館で実際にあったことです。書架に展示してあった、ガンダムの模型の工場に関する新聞記事をコピーしたいとのご相談をいただきました。関連記事もお読みになりたいとのことだったので、データベースで調べて他の記事も提供させていただきました。同様のケースは日頃から図書館員が多数経験していることです。

5　市場調査は既存データの収集から

ビジネスに使うアイデアがまとまったとしてその次に待っている関門は、果たして事業として成り立つかどうかという事業可能性の判断です。ポイントは、考えている商品やサービスが売れる市場があるかどうか、そこでの競合状況はどうかといったところです。この段階でも図書館は役立ちます。

市場についての調査の中でも、統計データの収集は難関です。図書館で狙いどおりの統計を見つけるのは簡単ではありません。迷ったら、ぜひ図書館員に聞いてください。また、雑誌・新聞コーナーはさまざまなトレンドのチェックに使えます。御幸町図書館の館内だけで約四〇〇誌があなたの利用を待っています。さらに、御幸町図書館が契約しているデータベースを使えば調査が格段に効率的になります。たとえば、過去の新聞記事や雑誌のバックナンバーまで味方にできるし、分野別に最近の売れ筋商品をチェックすることもできます。

ここでも御幸町図書館の実例を紹介しましょう。最近、インターネットのブログを検索していたところ、「雑誌の最新号の面白記事を新聞広告でチェックし、御幸町図書館で読む」という記事を見つけました。こういうふうに使っていただけるのは、本当に嬉しいですね。ホットすぎてまだ本になっていないようなテーマについて、ざっと見渡すことができるようなまとまった知識が得られる資料を求められたときに、雑誌記事のデータベースで「特集号」の雑誌バックナンバーをリストアップしてご提供したこともあります。さまざまな業界動向を調べるのにも科学技術論文を探すのにも、それぞれの用途にぴったりのデータベースをご案内します。

6　苦手分野克服のヒントも図書館で

本格的に事業を開始するに先立って、具体的な準備を進めるのに欠かせないのが事業計画です。融資を受けるために必要な事業計画書の作成にも図書館は役立ちます。資金繰り？　会社法？　契約？　特許？……そんなときは図書館でまず下調べをしてください。入門書やさまざまなリーフレット、法令集や判例、経営指標のデータブックもみんな御幸町図書館で手に入ります。事業計画書や企画書の書き方そのものをテーマにした本も図書館にはたくさんあります。事業計画書を作成する前に何冊か目を通してみてはいかがでしょうか。

また御幸町図書館の実例をいくつかご紹介しましょう。今、五階の会計入門書コーナーや会社法の棚が大人気です。中小企業庁制作の会社法・会計・補助金等のパンフレットは、貸出手続きをしなくても持ち帰りＯＫです。「初めて株主総会を開くが案内状の書き方が分からない」といったご質問に答え、専門書や膨大な書式を納めたデータベースを紹介しています。また、旅館業のクレーム対策についてお知りになりたいとのご依頼に、関連する判例や同業者の書いたクレーム対策本を紹介したこともあります。

公共図書館はビジネスに効きます。中でも御幸町図書館は、今日お集まりの皆様のようにビジネスのための情報を求める方へのサービスを常に意識して資料の収集と職員の研鑽に努めております。ぜひ御幸町図書館を使い倒してください！

7 まちの真ん中の図書館から

御幸町図書館と産学交流センターのオープン三周年を前にして行なったセミナーの一部を紙上に再現してみた。御幸町図書館は、けっしてビジネスに特化した図書館ではない。しいていえば、二一世紀前半の「街場にある普通の市町村立図書館」のパイロット版だと思っている。本書では、市立図書館の地区館（静岡市では地域館と呼んでいる）の一つにすぎない「まちの真ん中」の図書館の仕事ぶりをさまざまな角度から描いてみよう。御幸町図書館の試みは、すでに二〇〇六年四月に文部科学省が発表した『これからの図書館像』や、総務省が同年三月に発表した『多文化共生の推進に関する研究会報告書』にも紹介されているが、本格的な報告は本書が最初ということになる。先に書いたようなビジネス支援や後で紹介する外国人向けのサービスを当たり前のこととして提供する、公共図書館の新しいスタンダードの確立に貢献できれば幸いである。

第二章　御幸町図書館とは

豊田　高弘

1　はじめに

従来の地域図書館としてのサービスに加え、ビジネス支援と多言語（多文化）サービスを看板にかかげた静岡市立御幸町図書館が開館してから、この原稿を書いている二〇〇六年一〇月の時点で二年が経った。

御幸町図書館は、静岡市御幸町伝馬町第一地区市街地開発事業の一環として、既存の追手町図書館を同地区再開発ビルに移転・拡充したものである。ペガサートと名づけられたこの再開発ビルの四・五階に開館した御幸町図書館は、床面積二〇九四平方メートル、蔵書数約一二万点、雑誌・新聞約四〇〇タイトルという規模である。当然のことながら、周辺地域住民のための地域図書館としての機能を追手町図書館から受け継いでいる（主に四階の機能）。

だが、その一方では六・七階に併設された静岡市産学交流センターと連携してビジネス支援サービスを行ない、さらには外国人住民等を対象とした多言語サービスをも提供している（主に五階の機能）。従来の静岡市立図書館にはなかったこれらの新しいサービスに役立てるため、約二〇タイトルの商用データベースとインターネットにアクセスできる利用者用パソコン三〇台を館内に設置している。

二〇〇五年度の一日当たりの入館者数は約一八〇〇人、個人貸出点数は約一四〇〇点であった。二〇〇三年度の追手町図書館の実績と比較すると前者は約一・五倍、後者は一・四倍である。ちなみに二〇〇五年度の開館日数は三二一日となっている。

開館前はもちろんのこと、開館してからも御幸町図書館に対し「何をやろうとしているのか」「何をやっているのか」という趣旨の質問をいただくことが多い。そこで本章では、いままでに受けた数々の質問とそれらに対する回答を整理し、Q&A形式で御幸町図書館の過去・現在・未来について概略を説明したい。

2　御幸町図書館のミッション

Q1　ビジネス支援サービスと多言語サービスを始めた経緯は——

A1　ビジネス支援サービスおよび多言語サービスとしてはっきり位置づけた業務を始めたのは、二〇〇四年九月一七日の御幸町図書館の開館からである。図書館全体の方針としては「静岡市立図書館の使命、目的とサービス方針」（以下、「使命」）が決定した二〇〇二年四月に、また御幸町図書館単独の方針としては「仮称静岡市立御幸町伝馬町地区図書館基本構想」（以下、「基本構想」）が策定された二〇〇二年五月に正式に文書化された。「使命」と「基本構想」の詳細は静岡市立図書館ウェブサイト（http://tosho.city.shizuoka.shizuoka.jp/top.html）を参照されたい。なお、本書の第八章では開館までの経緯についてより詳しく述べておいた。

Q2　ビジネス支援サービスと多言語サービスについて、その目的・内容などを定義しているものは——

A2　「基本構想」ではビジネス支援について、次のように述べている。

「三　ビジネス情報を誰にとっても身近にする

ビジネスパーソンはもちろん、今までビジネスと無縁だった人たちがビジネスに興味をもち、理解を深め、新たに開業するきっかけを得ることができる図書館をめざす。ハイリスク・ハイリターンのベンチャービジネスだけでなく、営利・非営利を問わずさまざまな形をとったマイクロビジネスやコミュニティビジネスに発展するために有益な情報を提供するとともに、利用者相互の情報交流・情報編集を促進する。」

また、「使命」では、一次目的・二次目的・サービス方針という三つの階層が設けてあり、それぞれの階層で以下のように定めている。

「一次目的：市民のくらしや仕事やまちづくりに役立ちます。

二次目的：市民のくらしや仕事やまちづくりに役立つ資料を集め、提供します。

サービス方針：⑧会社・自営業者・市民団体・役所などの活動に役立つ資料を集め、提供します。⑨市民のくらしや仕事に役立ち、時事問題への関心に応える資料を集め、提供します。」

現在のところ、この二つが静岡市の公式文書におけるビジネス支援の定義にあたる。

「基本構想」は、学識経験者からなる策定委員会がまとめ、市が承認したものである。また、「使命」は、図書館職員のプロジェクトチームが原案を策定し、パブリックコメント及び図書館協議会の審議を経て、教育委員会が承認したものである。

開館当時、これらの定義にもとづく御幸町図書館のビジネス支援サービスの重点項目は次の五点であった。

第一に、経済・経営関係については図書を中心に雑誌・新聞・データベース等を幅広く収集・提供し、企業情報・業界情報・人事情報や新聞・雑誌記事の検索・閲覧を可能にする。特に図書についてはビジネスに必要な基礎知識をカバーする読みやすい入門書・実用書・パンフレットと、業界動向や市場調査に応用できる統計書・年鑑等の収集に力を入れる。

第二に、併設の産学交流センターとの連携を重視し、同館が力を入れている起業や小企業・個人事業者の経営に役立つ資料を重点的に収集し、コーナー展示等により利用促進に努める。

第三に、特に、静岡の企業や経済に関する資料の収集を重視する。その中には、社史から各種のリーフレットに至るまで、通常の出版ルートでは入手困難ないわゆる灰色文献が含まれる。

第四に、法律情報は、狭義のビジネス支援だけでなく議員・ＮＰＯ・公務員等の政策形成や政策実現のための諸活動への支援にも不可欠なので、第二の点と並び重点的な収集・提供を行なう。

第五に、科学技術情報や特許情報については、初歩的・入門的な情報サービスを提供し、静岡県立中央図書館・大学図書館等との図書館間ネットワークの活用や、発明協会等の関連機関との連携に力を入れる。

なお、公式文書には明記していないが、静岡市におけるビジネス支援の背景として、大都市圏の繁栄と裏腹の地元経済の低迷、それを象徴する静岡市の開業率の低さ（廃業率の半分）、その主要な原因の一つとして「大都市と地方」あるいは「大企業と中小企業・個人事業者」の間の情報格差（情報を入手する機会・手段、情報を活用する能力など）があると考えられる。一言で言えば、大都市や大企業に依存し従属している状況から自立するための情報支援という発想であり、これは必ずしもビジネスに限ったことではない。「役所と市民」「専門家と素人」等の組み合わせに置き換えることも可能である。

多言語サービスも、静岡で暮らす外国人住民の自立のための情報支援という意義をもつ。外国人住民が安定した状態で自立した生活を送ることができることは、多文化共生の社会を日本で実現するための必須の条件ではないだろうか。「基本構想」には「障害者、高齢者、外国人など、さまざまな条件の利用者にとっての使い勝手を追求したい。館内に設置される情報機器についても、バリアフリーや多文化への対応を配慮したい」とある。「使命」においては、これらのサービスに関連して「子ども・若者（ヤングアダルト）・高齢者・障害者・外国人など、それぞれの求めや特色に応じたサービスとPRを工夫します」と規定している。

Q3　静岡市の中で、ビジネス支援サービスと多言語サービスの位置づけは――

A3　御幸町図書館の開設は経済政策課の産学交流センター（併設）の構想とセットで進めて

きた計画であり、市の産業行政サイドとは全面的な協力関係にある。二〇〇五年六月議会の市長施政方針においても「都市型産業支援施設と連携して社会人や産業界のニーズに対応できる新しいスタイルの図書館を建設してまいります」と方針化されている。産業政策課と協力して二〇〇五年四月施行の新総合計画の中での位置づけをはかったが、施設運営のような経常的な事業は総合計画の範囲に含まれないということで実現しなかった。いずれにせよ、図書館としてはビジネス支援を図書館単独で行なうのではなく産学官連携の枠組みの中で独自の役割を担っていくという考え方である。

他方、御幸町図書館の多言語サービスについては二〇〇五年度策定の静岡市国際化推進計画の中で言及されている。図書館の多言語サービスは静岡市の国際化政策の中で明確な位置づけを得ていると言える。

3　ビジネス支援サービス

Q4　ビジネス支援サービスの予算は――

A4　特にビジネス支援予算という切り分けはしていない。御幸町図書館のビジネス支援は、御幸町図書館に配分されたすべての資源を動員して行なうものと考えている。極端な言い方をすれば絵本も小説も美術書もすべてビジネス支援の潜在的な資源である。したがって図書館の資料収集やサービス提供全体についてどのように、仕事にも役立つ、仕事にも使ってもらえるという視点を織り込むかが重要である。

Q5　ビジネス支援の具体的内容と現状は――

A5　図書館のビジネス支援というと、①ビジネス書のコーナー、②専門スタッフによるレファレンス、③ビジネス関連の各種講座の三点セットという一般的なイメージがあると思う。当館の場合はどうだろうか。

まず、一般にイメージされるような他の分野の書架から切り離されたビジネス書のコーナーは、御幸町図書館には存在しない。先にも述べたとおり、あらゆる分野がビジネスとかかわりをもつことがありえると考えているからである。その代わり、五階玄関ホールの目立つ位置に手作りのパネルと図書・パンフレット類の展示を中心としたディスプレイがある。開館当時は二一世紀の経済をリードするだろうといわれるＢＲＩＣｓ（ブラジル・ロシア・インド・中国の英語名の頭文字）を紹介する展示、その次は「就職活動するなら御幸町図書館でしょ。」という特集展示を行なった。書架に沿って歩くと「起業本」「苦情・クレーム対策」「会計入門」などのタイトルの躍るＰＯＰ、新聞・雑誌の切り抜きやブックリスト、表紙を出した状態の数十冊の図書などで構成したミニコーナーが散在している。これらのミニコーナーは数ヵ月のサイクルで機動的に変えていくことを意図したものである。起業本のコーナーのように大幅に拡大して常設に「昇格」したコーナーもある。見せることを通じてビジネスに役立つことを主張する棚、すなわち「見せる棚」。これが御幸町図書館のめざす棚である。「基本構想」には次のように書かれている。

ウ　知性を刺激し、自らも進化する書架
・書架の配列については、日本十進分類法を機械的に適用するのでなく、館内の利用者を知的に刺激し、それぞれの目的に合った形で誘導するための配架であることを十分意識し、新図書館にあったものを考えたい。
・書架の配列や展示は日々進化するべきものと考え、新刊コーナー、特集コーナー、書架毎の面展示スペース等に工夫を凝らしたい。こうしたスペースを生かし、数週間毎にゲスト司書を迎えてフロアの一部の書架の内容を企画・編集していただくなど、利用者を惹きつけ、刺激する斬新な企画を検討したい。

御幸町図書館の書架は、最初からこうした視点でどの位置の棚板や側板にも簡単に図書の表紙を見せた展示ができる設計になっている。職員のスキルや知識とともにさらに「進化する」ことが可能と考える。これらのコーナーづくりは職員の研修（ＯＪＴ）の機会にもなっている。

一般的なビジネス支援の講座は、経営相談や起業のコンサルティングと同様に併設の産学交流センターの事業として位置づけている。もちろん図書館ではＰＲに全面的に協力している。その一方で、市内のＮＰＯ等が御幸町図書館を舞台としてビジネス支援や多言語サービスに関する事業を行なう場合は、審査の上で積極的に会場提供等の協力をすることとしている。平成一六年度は文化と産業、人と情報を結びつけるというテーマで「金曜くるま座夜学」と「オムスビスト養成講座」の二つが平日の夜八時から一〇時という閉館後の時間に書架の並ぶフロアで行なわれた。

当然のことながら、利用者に図書館の使い方を知っていただくための講座の実施も図書館の役割である。平成一七年度から、職員と利用者が一対一でデータベースを使った情報検索の基礎を学べる「四五分で学ぶデータベース」という講座を開始した。データベース利用だけでなく、レファレンス・サービスそのものの顧客を増やすことにつながっている。

レファレンス・サービスについては、産学交流センターに起業や経営に関する相談にみえた利用者が、図書館の資料を利用する方が適当という相談員（中小企業診断士等）の判断により図書館に案内されるというケースが多い。もちろん逆のケース（図書館から産学交流センターへ）もある。図書館および産学交流センターは強力な連携態勢を築いているが、その中でもこうした相談事業の連携を「相談事業のシームレス化」と名づけて重視している。

Q6　ビジネス支援サービスの将来構想は——

A6　図書館をめぐる状況がはげしく変動している現状において、ビジネス支援に限らず図書館のあり方を長期のスパンで考えることは簡単ではない。まず「使命」にもとづいて図書館全体戦略を組み立て、それにもとづいた静岡市立図書館全体の中期目標を含む経営計画を策定する必要がある。その中にあらためて御幸町図書館のサービスやそのために必要な資源確保の計画を位置づけ直すべきだろう。

現時点で、ビジネス支援にかかわる課題としては、以下のような点が挙げられる。

第一に、高度な専門的能力とマネジメント能力を持つ職員の確保・育成である。情報サービス機関としてのビジネス支援図書館は日本では未発達の分野であり、一〇年、二〇年のスパンで人材をじっくり育てる必要がある。経営、法律等の大学院を修了しているかそれに相当する能力と経験を備えている司書というのが理想であろうが、現状ではあまりにもハードルが高すぎる。さまざまな専門的能力を持った職員が司書やサーチャーとともに一つのチームをつくる方が現実的であろう。そのようなチームが機能するためには、図書館組織を後で述べる「学習する組織」に改革していく必要がある。したがって、館長をはじめ図書館のマネジメントにあたる職員の役割がきわめて重要である。

第二に、長期的な視点にたったコレクション形成である。図書については他の章に譲るが、コレクションの中には、印刷メディアだけでなく独自のデータベースやデジタル・アーカイブの構築も含めて考える必要がある。静岡にしかない情報を他部門と連携して蓄積・加工することによりビジネスにも役立てたい。たとえば、静岡市が全国に発信するイベントである大道芸ワールドカップは直接的な経済効果だけでなくさまざまな情報を生み出している。その情報をどう生かすか。まず関連資料のコレクションから始めるべきというのが私の考えである。

第三に、ビジネスに関連する多言語・多文化の情報を収集・発信していくということである。ビジネスのグローバル化や地域社会の多文化化に対応する戦略が図書館にも求められる。たとえば東アジアや東南アジアの市場に関心を持つ地方企業は少なくない。個人貿易に挑む起業家も多いだろう。ビジネスの視点からの海外市場関連資料の収集も自治体の役割となりつつある。日本貿易振興機構（JETRO）のような専門機関と協力して取り組むべきであろう。御幸町図書館があえて多言語サービスに取り組むのは、こうした新しい分野への取り組みの下地づくりとしての意味もある。

第四に図書館は市民にとって身近な情報基盤であり、文教政策だけでなく情報政策の一環としての図書館政策を確立する必要がある。その中で情報専門家としての図書館職員の育成も位置づけなければならない。他方で静岡市役所全体の政策立案に必要な情報の共有化のために図書館が役立つことも忘れてはならない視点である。このことが市職員の間で理解され実際に使われるようになれば、仕事やまちづくりのための図書館利用が議員や住民にも浸透していくことが期待できる。

Q7　地域的な特性などを勘案し、特に力を入れている業種等は――

A7　官民の事務所が集中するオフィス街の真ん中というロケーション、商業都市としての旧静岡市の性格、工業技術系の資料を長期間蓄積している静岡県立中央図書館との棲み分け等の観点から、経営・法律・行政に関する資料や産業各分野、特に第三次産業に関する資料の収集に力を入れている。今後は、第一に家具・模型・茶・静岡おでん等の地場産業や地域ブランド、第二に出版・広告・デザイン等の県庁所在地に特徴的な産業分野、第三に静岡市のＩＣＴ業界の注目を集めているコンテンツ・ビジネス、第四に大道芸や各種の地元の観光資源、第五に若者や定年前の男性の利用が多いこともあり就職・転職・資産運用等に関する資料について、収集の強化を検討する必要があると考えている。

Q8　ビジネス支援サービスに関するニーズの把握は――

A8　開設に至る過程で、地元のSOHOや中小企業診断士に対するインタビュー調査、そしてワークショップを含む住民説明会等を行なってきた。また、世論調査、利用者アンケート調査等、図書館全体としての調査の中でもビジネス支援に関する質問項目を設定して開館準備に役立ててきた。また、二〇〇四年度は文部科学省のモデル事業を受託しており、その一環として本格的なグループ・インタビューや利用者アンケート調査を実施したところである。現在は、資料の利用状況やレファレンス内容の変化への観察を通じてニーズ把握に努めている。当館の場合、館長や選書担当者も含めて全職員が窓口業務を行なっており、利用者のニーズを肌で感じてダイレクトに館運営やコレクションに反映している。以上のほか、最大の協力者である産学交流センターのニーズは、隔週での担当者打ち合わせで確認している。

Q9　ビジネス支援サービスの内容の決定方法は――

A9　御幸町図書館職員の内部協議や御幸町図書館と産学交流センターの担当者間の協議（定例の協議は隔週）で日常的にサービス内容を検討し、御幸町図書館の正規職員全員による週例会議の場で決定している。重要な事業については中央図書館長の決裁が必要になる。ビジネス支援に限らず図書館サービスの細々した課題は、できるだけ現場に近いところで決めた方がいいに決まっているので、日頃から仕事について地位や身分に関係なく率直かつ自由に話し合える職場の雰囲気をつくることが重要と考える。

Q10　ビジネス支援サービスに対する評価方法は――

A10　ビジネス支援そのものについての評価尺度はまだ定まっていない。図書館の事業は成果指標（いわゆるアウトカム指標）の設定が難しい。利用者や産学交流センターのような協力者による満足度等の評価と、貸出点数・レファレンス件数等の数値を組み合わせたような形を工夫しなければならないと考える。

4　多言語サービス

Q11　多言語サービスの予算は――

A11　多言語のパンフレットを作成するための翻訳料や外国語資料の整理のためのアルバイト賃金を除けば、ビジネス支援サービスと同様、予算の切り分けが明確に行なわれているわけではない。しかし、個人的には図書館の全資料費のうち人口比と同程度（一％強）は多言語サービス用の資料に振り向けたいと考えている。

Q12　多言語サービスの具体的内容と現状は――

A12　多言語サービスは、静岡市民の多文化共生のためのサービスであり、その主なサービス対象は静岡市在住の外国人である。したがって、コレクションは静岡市民の一％強を占める外国人住民の使用する言語を反映している。図書資料は主に英語、中国語、ブラジル・ポルトガル語及びハングルで書かれたものである。御幸町図書館で外国語の図書を購入するにあたっては、静岡在住外国人への生活・文化・学習などの情報サービスという視点から、多言語サービス担当職員が中心となって外国人住民の利用が予想されるものを優先的に選定している。

コレクションの中心はそれぞれの母国のベストセラー、生活実用書、文芸書、児童書及び日本語学習書約四〇〇〇冊と雑誌・新聞（国内で発行されたエスニック・メディアを含む）約四〇タイトルである。特に英語の図書についてはビジネス書も多数含まれる。静岡市及び静岡県の国際交流協会や観光協会の協力を得て、日常生活や観光に関するパンフレット・チラシも収集・提供している。御幸町図書館の多言語コーナーのために購入している資料の主なラインナップは以下のとおりである。

・日本語学習に関する図書
・日本の地理・文化・社会・生活習慣に関する図書

・主な出身国の文化に関する基本的な知識を掲載した図書
・主な出身国で出版されたベストセラー・児童書・生活実用書・ビジネス書等
英語の本については、以上に加え日本人向けに
・英語学習者のための名作ダイジェスト等のリーダー
・デザイン・イラストレーションなどの参考になる本
さらに、国籍を問わず利用が予想される図書として、
・ロンリープラネット・ミシュラン等の定評ある旅行ガイドや地図
二〇〇六年度から、より多くの外国人住民に利用していただくためにイベントを開始した。「ピクチャー・ブック・リーディング」という外国語絵本の読み聞かせ事業である。現在は英語とポルトガル語について、外国人のボランティアにお願いして月一回のペースで実施している。

Q13　多言語サービスの将来構想は――

A13　現在のところ、主な利用者層は中国・韓国等のアジア諸国出身の留学生と英語圏出身の社会人と推測している。より広範な外国人住民に利用していただくためには、静岡周辺の外国人コミュニティへの浸透と、外国人を対象とした地域のボランティア団体との連携を広げてい

く必要がある。産学交流センター等と連携し、留学生の起業支援を行なうことも検討している。

Q14　多言語サービスに関するニーズの把握は――

A14　アンケート、リクエスト、貸出状況等の分析が主な手段となっている。

Q15　多言語サービスの内容の決定方法は――

A15　御幸町図書館内の担当者の内部協議で日常的にサービス内容を検討し、御幸町図書館の正規職員全員による週例会議の場で決定している。重要な事業については、中央図書館長の決裁が必要になる。

Q16　多言語サービスに対する評価方法は――

A16　ビジネス支援サービスと同様、評価尺度はまだ定まっていない。利用者や市国際交流協会のような協力者による満足度等の評価と、貸出点数・リクエスト件数等の数値を組み合わせた形が考えられるだろう。

5　御幸町図書館の組織と広報

Q17　ビジネス支援サービスと多言語サービスを担当する組織・人員は――

A17　二〇〇六年度当初の職員数は正規七人（内、司書資格保有者四）、嘱託一六人（内、司書資格保有者一五）、パートタイマー三人であった。ビジネス支援サービスと多言語サービスについて専任の職員はいないが、御幸町図書館職員の約半数がビジネス支援サービスと多言語サービスを中心的に担う五階フロアの担当となっている。また、御幸町図書館はビジネス支援に対応するために多数のデータベースを導入した関係で、サーチャー（情報検索応用能力試験合格者）資格をもつ司書一名を人材派遣会社から派遣してもらっている。事実上のビジネス支援専任である。

Q18　他の組織・機関との連携は――

A18　併設の静岡市産学交流センターおよび主管課の静岡市産業政策課とは日常的に連携し、事業の計画および実施に当たっている。御幸町図書館のビジネス支援は、産学交流センター抜きには考えられない。

静岡市観光課および静岡市観光協会からは、随時、資料の提供を受けている。これも広義のビジネス支援と考えている。講座の開催については、市民団体に協力していただいている。

静岡県立中央図書館にはレファレンスや資料の相互貸借等で支援を受けているほか、しばしば情報交換をしている。今後、県レベルでビジネス支援や多言語サービスに関する情報や意見の交流の場がさらに充実することを期待している。産業支援機関としては、中小企業庁・国民生活金融公庫・日本貿易振興機構・発明協会・静岡商工会議所等から、たびたび資料の無償提供をいただいている。

多言語サービスに関しては、静岡市国際課及び静岡市国際交流協会と情報交換をはじめとした協力関係にある。地元の常葉学園大学の協力により、同大学の学生が中心となって実施したイベントが、二〇〇六年度から月一回、定期的に実施している外国語絵本の読み聞かせ事業（ピクチャー・ブック・リーディング）のきっかけとなったことも付け加えておきたい。

Q19　情報提供の有償化については――

A19　現在のところ考えていない。図書館法では公共図書館の資料提供は無償が原則である。高コストの情報提供は有料でよいとする考え方があるようだが、大企業や大都市圏に拠点をおく企業に情報面で後れをとっている地元の小企業・個人事業者・SOHO等を支援するという趣旨からも有償化は避けたい。アメリカや東京にいれば、あるいは大企業に所属していればタダで利用できる情報ならば、できるだけ静岡でも無料で提供したい。

Q20　ビジネス支援サービスや多言語サービスを推進するための、人事上の工夫は――

A20　現在は、館内異動に際しての資格・特技や研修歴への配慮以外は特にない。ビジネス支援や多言語サービスを云々する以前に、司書としての基本的な能力を持った職員（図書・データベース等の情報のプロ）の育成が必要だが、現状では育成にあたる現場リーダー的なスタッフの確保さえ難しい。市役所の中でこの問題の重要性を理解してもらうよう努力すると同時に、後で述べる「学習する組織」づくりを推進していくことが必要であろう。

Q21　全国的な研究団体等の活用は――

A21　ビジネス支援サービスについては、ビジネス支援図書館推進協議会のメーリングリスト、研修事業、情報源リスト等をフルに利用している。同協議会からの情報や、同協議会会員の協力があったおかげで、さまざまなビジネス支援のスタイルとの比較の中で、自らのスタンスを決めることが可能になった。これは、実にありがたいことだった。ビジネス支援図書館推進協議会の詳細については、同協議会のウェブサイトを参照されたい（http://www.business-library.jp/index.html）。

多言語サービスについては、図書館の多文化サービスについて関心をもつ図書館員・研究者・出版関係者等が集まる「むすびめの会」のアドバイスを頂戴した。「むすびめの会」の関係者が中心となって執筆にあたった『多文化サービス入門』(日本図書館協会多文化サービス研究委員会編、日本図書館協会　二〇〇四年)も大いに参考にした。同会のウェブサイトも参照されたい(http://homepage3.nifty.com/musubime/)。

Q22　アウトソーシングについては――

A22　産学交流センターは指定管理者制度による運営だが、静岡市立図書館のサービスは二〇〇六年度の段階ではすべて直営である。ただし、先にも述べたとおり、サーチャー資格をもつ司書一名を人材派遣会社から派遣してもらっている。また、アウトソーシングの概念にはあてはまらないが、書架整理やお話会の運営について多数の個人ボランティアに協力していただいている。さらに、御幸町図書館のみを対象としたNPO等との協働に関する要綱により、A5で述べたとおり市民団体が講座運営を行なった。二〇〇五年度以降は同じ要綱によって、地元大学生が中心になって運営する「天晴れ門前塾」という団体の活動が行なわれている。

Q23　ビジネス支援サービスや多言語サービスのPRは――

A23　対外的には報道機関へのパブリシティ、私鉄駅ビルと図書館のあるビルを結ぶ地下道のディスプレイ、産業支援機関・国際交流団体や日本語学校へのパンフレット配布等を通じてPRしている。産学交流センターのPR用リーフレットにも御幸町図書館に関する情報を入れてもらっている。

また、すでに図書館を利用している方へのビジネスを目的とした図書館利用のPRとして、A5に述べたとおり「見せる棚」等の館内ディスプレイに取り組んでいる。

二〇〇六年度からは、産学交流センターで開かれる講座や会議の場に伺って、図書館の利用方法について提案することも始めている。

最近、痛感するのは口コミの大切さだが、口コミが広がるには、図書館でサービスを受けたことが「感動」につながることが必要である。「感動するサービス」の追求こそPRの王道ではないだろうか。

6　職員の育成

Q24　担当職員の研修や自己啓発は——

A24　「基本構想」は、職員・ボランティアの研修と利用者教育について、次のように述べている。「図書館は、それ自体が『学習する組織』でなければならない。専門的職員研修、ボランティア研修、利用者教育など、図書館に関わるすべての人々に対する学習支援活動（コーチング）が、この図書館においては決定的に重要な意義をもつ。特に、専門的職員研修やボランティア研修は開館に先立って、入念に、計画的に実施する必要がある。」

こうした視点にもとづき、御幸町図書館ではＯＪＴのレベルまで含めて研修に積極的に取り組んでいる。

二〇〇四年度は週一回一時間、御幸町の全正規職員及び希望する嘱託職員を対象とした、選書（資料選定）に関する学習会をワークショップ方式で実施した。二〇〇五年度には、御幸町図書館内に「地域資料収集」「データベース利用促進」「多言語サービス推進」の三つのプロジェクトチームを設け、五階担当の全職員（嘱託・臨時を含む）がどれかに所属して活動を行なった。二〇〇六年度現在、四・五階双方で実施している「見せる棚」づくりも研修とモチベーション向上の意味を併せもっている。二〇〇六年九月から月一回、夜間の自主研究会という形でレファレンス・サービスのワークショップを開始した。

同じく二〇〇六年度から、館内のトラブルやクレーム、ちょっとした工夫に関する情報を共有するために各フロアの窓口と事務室内に「連絡ノート」を置き、毎週、ワープロ原稿に起こして事務室に掲示すると同時に、毎週の定例会議の検討材料とするようになった。また、非常勤嘱託や臨時職員、派遣職員を含む全職員による重要課題に関する討論や、御幸町図書館長としての私の考えを全職員に知ってもらうためのニュースレターの発行も月一回の割合で実施している。

Q25　情報リテラシーの涵養のための取り組みは――

A25　普段から全職員がインターネットと商用データベースを活用したレファレンス、「ワード」から「イラストレーター」までパソコンソフトを活用した館内ディスプレイ、そして三〇台の利用者用パソコンのメンテナンスに取り組んでおり、派遣のサーチャーをはじめ情報リテラシーの高い職員が他の職員を指導しながら業務を進めている。情報リテラシーの向上という点では、当図書館においては毎日がＯＪＴともいえる。

なお、御幸町図書館は中央図書館ではないため、図書館のウェブサイトについては権限を持っていない。しかし、多くの実用的な情報がインターネット上でしか入手できないようになりつつある現状では、職員だけでなく住民が自由に使用できるようなリンク集の整備は、ビジネス支援や多言語サービスの充実のためにも不可欠であろう。また、ブログやソシアル・ネットワーキング・サービス（ＳＮＳ）のようなインターネットの双方向的な機能を使った参加型の書評サイトや、地域版ウィキペディアとでもいうべき住民によるネット上の「地域百科事典」

なども、将来的に考えたいものである。情報セキュリティの強化とウェブの新しい可能性の活用、この両方を可能にする人材育成が必要と考える。

7　市町村立図書館にとってのビジネス支援サービスと多言語サービス

Q26　市町村立図書館にとってビジネス支援サービスや多言語サービスの位置づけは——

A26　御幸町図書館は二千平方メートル・蔵書一二万点という規模の図書館であり、大規模館とはいいがたい。ビジネス支援と多言語サービスというのはあまりに大きな荷物を背負いこんでいると思われるかもしれない。しかし、私はこれらのサービスを必ずしも特殊なものとは考えない。実際、今までも、街の図書館ではサラリーマン・ＯＬにビジネス書を貸出し、商店や工場のおやじさん・おかみさんのリクエストやレファレンスにも応えてきた。また、外国人向けに細々とではあっても外国語の本ややさしい日本語の本を提供してきたのである。

しかし、図書館員の側がこれまであまりにも児童書や文芸書中心、日本人中心の発想を自ら疑うことなく来てしまった。そこに大きな問題があったのではないか。御幸町図書館がめざすべきは、特殊なコレクションを持った特別の図書館ではない。市町村立の図書館が今までのまちの図書館としての蓄積の上に立って普通のコレクションと普通の図書館員のあり方をいくらか軌道修正することで、どこまでビジネス目的の利用者や外国人住民にも役立つようになるか。御幸町図書館は、そのような意味で市町村立図書館の新しいスタンダードを生み出すための実験と考えている。

8　市町村立図書館へのアドバイス

Q27　これからビジネス支援サービスをはじめようとする市町村立の図書館へのアドバイスは——

A27　アドバイスというのもおこがましいが、開館以来一年間の経験から次の六点を挙げたい。

第一に、コーナー設置は出発点と心得るべきである。市民の「図書館は役に立たない」という思い込みを変えるのは予想以上に困難なことだ。図書館のすべての空間を使って「ビジネスに使える」ということをアピールすると同時に、どう使うかという提案、あるいは「利用者教育」が不可欠だと考えている。

第二に、専門機関と積極的に連携するべきである。これは、ビジネス支援に限らず、情報サービスはみな同様である。何でも自力でやろうとするのは、新しいサービスの場合は無理がある。御幸町図書館の場合はどうだったか。データベースは役に立つが職員が使いこなせないので、人材派遣会社からサーチャーを派遣してもらった（初年度は全額国費）。産業支援機関にＰＲをしたくてもつてがないので、産学交流センターのネットワークを利用させてもらった。ビジネス支援の場合は、ことに産学交流センターとの強力な連携がものを言っている。ポイントはギブ・アンド・テイク。こちらが提供できるものがなければ、継続的に何かを得るのは難しい。

第三に、公共図書館のメリットを生かすべきである。公共図書館のコレクションは「薄く・広く」だからこそ、利用価値があることを忘れてはならない。市町村立図書館は住民のかかりつけの「情報の町医者」をめざそう。誰でも拒まない間口の広さ、気がねなく立ち寄ることができる敷居の低さ、読むことに抵抗感のない利用者の知的欲求の強さは、すべて専門機関に連携を呼びかけるときの「売り」にもなる。信用も公共ならではの利点である。民間の機関に相談するときは「商売に利用されるのではないか」という不安があるものだが、少なくとも公共図書館に対してそういうことを感じる市民はわずかだろう。逆に苦手の部分も含め、自分の図書館の「資産」の棚卸しをぜひ行なうとよいと思う。

第四に、住民ニーズの仮説を立てて検証するべきである。コーナーはＰＲ媒体にして、資料の動きからニーズをキャッチする触覚でもあることを忘れてはならない。たとえば、「インド経済に今、注目が集まっているらしい」と感じたらどうするか。その仮説にもとづいて、まずはインドの経済事情、インド株、インド貿易等の資料を集めたミニコーナーを作って、貸出状況や利用者の行動の変化を観察してみよう。結果として相当の利用があるという感触を得たら、その分野の資料購入等をはじめるのもいいし、イベントを企画するのもいい。もちろん、利用状況が芳しくなければそのコーナーを早々に畳んでもいいのである。

第五に、選書は欲求に従うより掘り起こすこと、読まれるより使われることを旨とするべきである。この点については第三章を参照していただきたい。

第六に、職員集団を「学習する組織」に育てるべきである。静岡市立図書館は人事異動が多い職場である。正規職員は一部の例外を除き三年から五年で他の部署に異動する。非常勤嘱託職員は一年更新の契約で最長五年までしか雇用ができない規定となっている。したがって仕事がわかってきた頃には、異動あるいは退職ということになりがちである。しかし、異動が多いことにも利点はある。さまざまな職場を異動してきた職員は、同時にさまざまな職業上の知識と人的ネットワークをもっているのが普通である。森羅万象を扱う公共図書館において無駄な知識というものは存在しない。

では、前の職場の知識や技術を図書館業務に活かしていくにはどうしたらいいか。私は、職員同士がお互いに職場での経験を共有しながら学ぶことを通じて、組織全体の能力を高めていくことが重要だと考える。図書館で長期にわたり経験や知識を蓄積していくことの重要性は大いに強調したいところだが、同じ職場に留まりつづけた結果、その職員が「権威」となってしまえば、かえって組織の改善や革新を阻害する危険性もある。もちろん「異分子」を活かしベテランが「権威」になることを防ぐにあたっては、館長や現場リーダーの役割が大きい。だが、より根本的には自由に議論し合い学び合えるような組織文化をもつ「学習する組織」に変わることこそが、マイナスからプラスを引き出すと同時にプラスがマイナスに転化することを防ぐ妙薬であろう。

第三章　ビジネス支援サービスで選書が変わる

豊田　高広

1　ビジネス支援は期待されているか

この数年で、ビジネス支援サービスの取り組みは全国に広がった。御幸町図書館も、比較的早い時期からの本格的な取り組みの事例として新聞や専門誌に紹介されるようになった。だが、二〇〇四年度に静岡市が文部科学省の委託により調査した結果わかったのは、本当にビジネス情報が必要なときに公共図書館を思い浮かべる人はけっして多くないし、現に御幸町図書館を利用している人にとってビジネス書の品揃えは満足できる水準といえないということだったのである（静岡市立御幸町図書館『静岡市立御幸町図書館ビジネス支援サービスに関する調査』静岡市、二〇〇五年）。

まず注目したいのは、静岡市周辺で最近起業した人やこれから起業しようとする人へのグループ・インタビューの内容である。第一に起業に際して「自分で資料を『幅広く』探索し経営上の判断のための情報を集める」という作業はあまり行なわれていないこと、第二に「ピンポイント的に特定の疑問に答えてもらいたい」という傾向が強く、図書館はそのようなニーズにこたえる場とは考えられていないことが明らかになった。図書館は「自分で資料を幅広く探索し、経営上の判断のための情報を集める」最適の場と思われるが、多くの起業家はそのような場所が身近にあるということ自体を想定していないようだ。ビジネスに疎い職員が本という「古くて今では役に立たない」情報源の番をしているところ、それが少なくとも静岡における図書館のイメージであるということを私は思い知らされた。

他方、御幸町図書館の実際の利用者へのアンケート調査から読み取れるのは、御幸町図書館が提供しているサービスのうち、ビジネス書の種類・冊数や新しさを相対的に重要と考えている一方で、満足の度合いは他の要素に比較してきわめて低いということであった。ビジネス書を「一般的なもの」と「専門的なもの」に分けて尋ねると、特に「専門的なもの」の満足度が著しく低い。数千冊単位の「ビジネス支援コーナー（実際の名称はさまざまだが）」を設置し、それを核としたサービスをもってビジネス支援図書館を標榜する多くの図書館と異なり、一〇万点を超える蔵書すべてをビジネス支援サービスの資源と考え、すべての分類にわたって「ビジネスに使える品揃え」をめざしている御幸町図書館にとっては厳しい結果だった。

しかし、実際の満足度の低さにもかかわらず重要度の評価が高いのは、図書館を現に利用している人々の期待がかなり大きいことを示すともとれる。「来てみるまでは図書館がビジネスに使えるとは思いもしなかったが、実際に来てみると理想的な状態にはほど遠いとしても資料さえ揃えれば使いものになりそう」というのが平均的な利用者の感想かもしれない。もちろん、努力を放棄したり努力の方向が間違っていたりすれば、利用者に失望を与えていずれは見捨てられることだろう。本章では、ビジネス支援サービスの取り組むべき方向について選書という観点から考えてみたい。

2　欲求に従う選書・欲求を掘り起こす選書

御幸町図書館が開館したとき、選書に関して最初に直面した課題の一つが、個人投資に関する資料の取り扱いだった。「○ヵ月であなたの資産が確実に×倍になる」といった、あまり内容に信頼がおけそうもない本（投資コンサルタントの内藤忍氏によれば、役に立たない本とは「絶対に」「必ず」「一〇〇％」などリスクなしのリターンを狙う本、「一週間で」「一ヵ月で」など短期のリターンを約束する本のこと（内藤忍『内藤忍の資産設計塾』自由国民社、二〇〇五年）のリクエストが目立つという現状がある。「自分では買いたくない本を図書館にリクエスト」する傾向があるようにも思える。しかし、こうした傾向を嘆く司書がいる図書館の投資関係図書の品揃えは、どうなっているのだろう。並んでいるのは、リクエストで購入した同じような傾向の本ばかりということはないか。危機管理の分野では、「割れ窓理論」という言葉があるそうだ。割れ窓が多いビルを見ると人は窓をもっと割りたくなる。リクエストを犯罪行為といっしょにするつもりはないが、書架の品揃えが、その棚に似合ったレベルの本のリクエストを誘うということはいえないだろうか。

私はリクエストに応えることを否定するわけではない。しかし、少なくともビジネス支援のような新しいサービスの取り組みにおいては、単にリクエストに機械的に応えるのでなく、リクエストから（もちろん貸出や予約からも）トレンドの兆候を読みとって、そこからニーズを推測することが重要である。ニーズに関する推測を仮説として再構成して検証することにより、欲求を掘り起こすという視点からの選書が可能となる。つまり、マーケティング（マーケティングの定義はいろいろあるが、ここでは、マーケティング理論の第一人者、フィリップ・コトラーの次の言葉をもってマーケティングの説明に換えたい。「私がこれまで聞いたなかで最も簡明な定義は、ニーズを発見し、それを満たしていくというものです。私はこれに、売り手と買い手双方にとって意義のある価値を生み出すことをつけ加えたいと思います」（P・F・ドラッカー他『非営利組織の経営』ダイヤモンド社、一九九一年）の視点を取り入れることにより「市場戦略」を意識した選書である。再構成されたのは住民のニーズに関する仮説であり、それは利用によって検証される。もちろんニーズは時間の経過に従って変化するから、仮説と検証の繰り返し（ビジネスが仮説と検証の繰り返しであることを強調するのが、コンビニ業界ではトップシェアのセブン－イレブンを率いる鈴木敏文氏である。たとえば次の本が参考になる。勝見明『鈴木敏文の「統計心理学」』プレジデント社、二〇〇二年）ということになる。

ニーズに関する仮説には、図書館およびその職員としての司書の価値判断は必ず反映する。図書館のミッションを実現するための「市場戦略」に従属するのだから、それは戦略的な選書と呼ぶことができるかもしれない。いずれにせよ、大事なのは価値判断を排除するのでなく、それを自覚し客観化し公にするということだ。そうすることで司書の価値判断は、常にさまざまな批判にさらされることになるが、それこそが望ましい状態といえる。たとえば、ビジネス支援の背後にある価値観は経済的自立支援であり地域経済再生である。図書館は、人々が経済的に自立し地域経済が再生に向かうために役立つと思われる資料を提供する。このような図書館のあり方を、静岡市立図書館は「静岡市立図書館の使命、目的とサービス方針」の中で「仕事やくらし、まちづくりに役立つ」と表現している。

御幸町図書館の選書を例に取って具体的に説明しよう。

この数年、個人投資や資産運用に関する資料の予約・リクエストはかなりの量に上っている。今や『日経マネー』や『会社四季報』といった逐次刊行物は、盗難を避けるためにカウンター内に保存しなければならない。こうした現象は、きわめて広範な層に属する人々が個人投資や資産運用に高い関心を示すようになっていることの表れといえるだろう。従来の「資産家」「投資家」という言葉のイメージとはかなり異なっている。現在の日本の経済政策や金融政策は、大企業の既得権益を守るためには個人の資産や雇用に対し、一方的に犠牲を強いる一方で「貯蓄から投資へ」あるいは「年金生活から起業へ」と積極的に誘導しているように思われる。個人投資や資産運用への関心の高まりは、こうした日本社会の現状に対する多分に自己防衛的な反応と考えられる。このような反応を図書館へのニーズと考えることが許されるなら、「経済的自立の支援」というビジネス支援本来の目的から考えて、投資関連の基本図書の充実は避けて通れない課題である。ファイナンシャル・プランナーに匹敵するような知識をもつ司書がいればそれに越したことはないが、現実にはそれもただちにかなうことではない。結局、担当者が投資に関する入門書や雑誌の特集を読んだり投資の専門家が書いたブックリストを複数入手したりして、過去の出版物も積極的に購入することにした。

次に会計や簿記に関する本を例にとってみよう。二〇〇五年に刊行された山田真哉氏の『さおだけ屋はなぜ潰れないのか』（光文社、二〇〇五年）は大ベストセラーとなった。このヒットの背景には、一連の規制緩和や経済制度のグローバル化の一環として近年、急激に進行している会計制度の改革だけでなく、個人投資や起業への関心の高まりから派生した会計とりわけ企業会計への高い関心があると推測される。実際、山田氏の著作に限らず会計書はかなり専門的なものも含めて意外に貸出が多い。日商簿記をはじめとして会計関連科目を必須とする資格試験が多いことをも考慮すれば、入門書・教養書からある程度専門的なものまで品揃えを充実させることで、投資関連図書と同様にかなりの利用が期待できた。それはビジネス支援の趣旨に沿ったことでもある。

ひとつのしかけとして、会計入門書のミニコーナーを経営書の書架の中に設けた。新聞に掲載された山田氏のインタビューの切り抜きと、山田氏の著書をはじめとした会計学や簿記の入門書一〇冊程度の面展示、そして中小企業庁から発行されている中小企業会計と税制に関する持ち帰り自由のパンフレットを核としたごくささやかなものである。第一に利用者へのPR、第二に職員による図書の利用状況の観察、第三に展示する本の選定や利用状況の観察を通じての職員の研修（ＯＪＴ）という三つの目的を兼ねてのことであった。

結果としては、面展示は毎日のように新しい本を補充しないと歯が抜けたようになってしまうし、パンフレットも週に五、六冊程度の割合で利用された。会計や簿記に関する図書には強いニーズがあることがあらためて浮き彫りになった形である。後から買い足した専門的な図書にもかなりの利用がある。

経営コンサルタントの山本真司氏は、『三〇歳からの成長戦略』（ＰＨＰ研究所、二〇〇五年）の中で彼自身の研修講師としての豊富な経験にもとづき興味深い指摘をしている。大企業や有名なベンチャーに勤める二〇歳代から三〇歳代の傍目には順風満帆とも映るような若者たちの多くが、世代内の勝ち残り競争に敗れることへの恐怖から、働きつづけ自分を磨きつづけなければならないという強迫観念のようなものに取り憑かれているというのだ。彼はこのような「症状」を「負け組編入恐怖症」と名づけている。私は、ビジネスパーソンのための啓発雑誌や「ＭＢＡのための」といった謳い文句のビジネス書がなぜこうもたくさん出版されるのか不思議に思ったことがあるが、その背景にこうした社会心理が働いているとすれば納得がいく。おそらく日本の労働現場に蔓延している抑鬱的な心理とも深いかかわりをもっているのだろう。だが、こうして大衆化するビジネス・スキルは、まさに大衆化のゆえに差別化による勝ち残りのための決定打とはならなくなる。むしろ「創造性を高める手段として、我々経営コンサルタントの間では、哲学、心理学、宗教、歴史等の人文科学、そのなかでも古典を勉強しろとよく言われる」（山本、前掲書）。

ビジネス支援には、山本氏が述べているような望ましからぬ状況に荷担しかねない側面がある。そのことを図書館員は自覚しなければならないだろう。また、すべての図書は少なくとも潜在的にはビジネス書であるということも踏まえる必要がある。そのうえで、図書館は真の経済的自立をめざす人々の頼もしい味方であるような棚づくりをめざさなければなるまい。

繰り返しになるが、ビジネス支援サービスに取り組む司書に求められているのは、無批判に欲求を後追いする選書ではない。図書館のめざす方向を自覚し、その実現のために潜在的な欲求を掘り起こし、顕在化してその結果を再び図書館のめざす方向にフィードバックしていく戦略的な選書である。もちろん、図書館のめざす方向とその具体化としての選書方針は利用者・住民や設置者（自治体首長・議会）その他の関係者にも公開されるべきだし、図書館はその選書に対する彼らの批判に応答する責任を果たさなければならない。

なお、『二〇〇五　出版指標年報』（全国出版協会、二〇〇五年）には、ビジネス書の出版動向について以上の考察を裏づけるようなデータがいくつか掲載されている。同書によれば、二〇〇四年の雑誌の推定販売金額は対前年比で一・七％下回っているが、株式投資関連雑誌が売れ行き好調で、商業関連誌に限っていえば七・八％増である。図書では株や年金の関連書のほかにマネジメント関連書、特に「セルフプロデュース関連書」といわれるロジカルな考え方を仕事に応用する方法を紹介する本がよく売れたということだ。

3 読むための選書・使うための選書

ビジネス支援サービスにおいて、資料は「読まれるもの」であると同時に「使われるもの」である。読書のための読書ではなく、資料が何らかの目的に奉仕するために「使われるもの」である限りにおいて、当然、使う側の戦略が存在する。情報探索の戦略はその代表格といえるだろう。

フリーランスのジャーナリストとして多くのビジネス書を手がけている東谷暁氏は『困ったときの情報整理』（文藝春秋、二〇〇一年）の中で、情報探索の戦略について次のように述べている。東谷氏は、短期間で知識を集積する必要が生じたとき（新しい仕事にとりかかるというのは大抵そうしたものだ）には、まず書籍と雑誌の読み込みに何日、次に新聞データベースに何時間、そしてインターネットに何十分、さらに専門家の取材にどのくらい時間が使えるかといった具合にスケジュールを立てていくという。最初に書籍、それがない場合は雑誌の論文を読むことにしているのは、それらには「少なくとも一定の論理構造と情報評価が含まれて」おり「最終的に自分は採用しないかもしれないが、著者によって情報に一定の秩序が与えられている」からである。博物館やコンピュータの専門誌の編集経験をもつ情報整理の達人である東谷氏がたどりついた結論は、インターネットとデータベースの時代になっても、まず本を「読む」ことで主題の背景や構造を把握する重要性は変わらないということだったのである。

ただし、東谷氏が言うところの読書は「アウトプット」のための読書である。そこに教養や娯楽のための読書とはちがう技術が必要となるのは、疑いようのないことだ。選書にあたっても、「これはアウトプットに使えるか」「他のメディアと比べてどうか」と常に考える必要があるだろう。多くの司書は新刊を収集する以上に、開架から閉架に移す「旧刊」を選ぶことを苦手としている。しかし、旧刊の信頼性を「アウトプットにどれだけ、どのように貢献できるか」という視点から評価することの重要性は強調しすぎることはない。特に、本の発行年と主題の情報が古くなる速度を突き合わせることが重要である。

資料の信頼性の評価に興味をもった人には、たとえば味岡美豊子氏のウェブサイト「三月うさぎのティールーム」に掲載の情報検索コラム第二八号「情報検索のヒント－情報の信頼性を判断する　1」（二〇〇五年六月一四日　http://homepege3.nifty.com/salon-ajioka/column28.htm）が参考になるだろう。また、逐次刊行物の記事検索がデータベースによって容易に検索できるようになったため、雑誌のバックナンバーの利用価値が高まっている。「使うための蔵書」としての雑誌の選択とバックナンバーの保存について、市町村立図書館の真剣な取り組みが求められているのではないか。御幸町図書館の閉架書庫は、逐次刊行物のバックナンバーの保存のみを目的としている。なお、多くの図書館利用者は、情報探索の「戦略」についてごく基本的な知識や技術も持ち合わせていない。これは情報教育や利用者教育の課題でもあるだろう。

図書館が情報探索の戦略を展開するためのフィールドとなることをあらかじめ想定した選書、これがビジネス支援サービスにおいて選書に求められるもう一つの「戦略性」である。情報探索の戦略以外にも、たとえば学習の戦略といったものがあり得るだろう。いうまでもなく、これらの戦略の主体は図書館の利用者自身である。だが、その戦略を十分に意識した選書を行なうことができなければビジネス支援サービスは司書のひとりよがりと批判されてもしかたないのである。

第四章　連携がビジネス支援を可能にする

豊田　高広

1　ビジネス支援に不可欠の条件

図書館のビジネス支援サービスにおいて、関係機関との連携は、不可欠の条件である。本章を執筆するにあたり、まずこのことを強調しておきたい。そう書かなければならないと考えたきっかけは、一冊の本にある。

二〇〇六年一月、前川恒雄氏と石井敦氏の共著『新版　図書館の発見』がＮＨＫブックスの一冊として発刊された。本書の旧版が出版されたのは一九七三年。図書館に関わる者の多くが、日本の公共図書館の来歴とあるべき姿を力強く明快に示す本書を読み感動を覚えた経験があるはずだ。長らく品切れとなっていた本書が新版という形で再び世に出ることを望んでいたのは私だけではないと思う。

同書の「まえがき」によれば、新版は石井敦氏の健康上の理由から前川恒雄氏が執筆されたということである。公共図書館の民営化、図書館職員の非正規化、電子メディアの普及といった図書館をめぐる情勢の大きな変化に対し、公共図書館の変わらない、そして変わってはならない本質を対峙させる文章には説得力がある。しかし、「ビジネス支援」や「医療支援」（前川氏は、ひとまとめに「○○支援」という言葉も使っている）への否定的な言及については戸惑いを覚える読者が多いのではないか。

前川氏はこう書いている。

コンピュータがあらわれると「本よりデジタル情報だ」と言い、今度は、「ビジネス支援」だと唱える。時流に乗ろうとする図書館もあるが、金をもうけたものが勝ちという風潮が透けて見えるし、「○○支援」という言葉は図書館がすべき枠を超えていると思うので、私などはとても恥ずかしくて恐ろしくて、こんな看板を出すことはできない。やるべきことをやっている図書館は、そんな看板を立てなくても、その町の産業にちゃんと役に立つ働きをしている。（以下略）／外国の大都市の図書館を紹介して「これがこれからの図書館だ」という人もいるが、私が四十年前に見た外国の大都市の主題別図書館の資料の質と量は、とても日本の図書館では太刀打ちできるようなものではなく、主題を専門にする職員をもちゃんと配置していた。それを薄くまねをして看板を立てることは、利用者の失望感を生むだけだろう（前川恒雄・石井敦『新版　図書館の発見』ＮＨＫブックス、日本放送出版協会、二〇〇七頁、二〇〇六年）。

「金をもうけたものが勝ち」という風潮が図書館員をも蝕んでいるとは思わない。後で述べるように、むしろ「金もうけ（経済的自立）」に関すること全般への関心が薄すぎるのでないか、と感じることも多い。そのことを除けば、前川氏の指摘は現に「ビジネス支援」を推進する立場の私にも十分理解できることである。静岡市でも「とても恥ずかしくて恐ろしくて、こんな看板を出すことはできない」という前川氏の言葉そのままにビジネス支援をはじめることに反対する図書館員はいた。ビジネス支援サービスへの本格的な取り組みを進める上で、静岡市立図書館の能力がまだまだ決して満足とはいえないレベルであることを私は否定しない。それでもなぜ「ビジネス支援」をするのか。指摘されたような事態に陥ることを免れるために、どのように「ビジネス支援」に取り組むのか。前者の問いについては別の章でお答えしている。後者の「いかに」という問いへの答えが冒頭の言葉である。すなわち「図書館のビジネス支援サービスにおいて、関係機関との連携は、不可欠の条件である。」

なぜ「連携は不可欠の条件」と強調しなければならないのか。その理由を説明する前に、静岡市立御幸町図書館において「連携」は事実としてどのようなものであるかを説明したい。

2　御幸町図書館と産学交流センターの概要

ビジネス支援と多言語（多文化）サービスを看板にかかげた静岡市立御幸町図書館が開館したのは、二〇〇四年九月のことであった。静岡市御幸町伝馬町第一地区市街地開発事業の一環として、同地区再開発ビルに追手町図書館を移転・拡充したものである。ペガサートと名づけられたこの再開発ビルの四・五階が図書館となっている。周辺地域住民のための地域図書館としての機能を追手町図書館から受け継ぐ一方で（主に四階の機能）、ビジネス支援サービスを行なうと同時に、外国人住民を主な対象とした多言語サービスをも提供する図書館（主に五階の機能）として出発した。六・七階には、静岡市産学交流センターが併設されている。

産学交流センターでは、起業を志す人、起業後間もない人、経営に悩みを持つ経営者、新たな事業に取り組みたい中小企業者等に対して、中小企業診断士、インキュベーション・マネージャー等の中小企業支援の専門家が、経営相談・起業相談や各種の講座などを通じた支援を行なっている。さらに、大学の知識・技術・人材を活用したい人に対して大学との橋渡しの役割も果たしている。また、会議室等を大学や中小企業や一般市民に幅広く提供しており、ＳＯＨＯしずおか等が主催するビジネス関係のセミナーが毎日のように開催される。二〇〇五年度の来場者数は約五七〇〇〇人、相談者数は六〇〇人を数え、この種の施設としてはかなり高い数字だという。二つの施設には「Ｂ－ｎｅｓｔ（ビネスト）」という共通の愛称がつけられている。

3　御幸町図書館と産学交流センターの関係

ビジネス支援サービスは、産学交流センターの構想とセットで進めてきた計画であり、静岡市の産業行政サイド（主管は産業政策課）とは全面的な協力関係にある。二〇〇四年六月の静岡市議会での静岡市長施政方針においても、「都市型産業支援施設と連携して社会人や産業界のニーズに対応できる新しいスタイルの図書館を建設してまいります。」とされている。図書館としては、ビジネス支援を図書館単独で行なうのではなく、あくまでも産学官連携の枠組みの中で独自の役割を担っていくという考え方である。

開設に至る過程でのニーズ等の把握のために、産業政策課の協力を得て地元のＳＯＨＯや中小企業診断士に対するインタビュー調査やアンケート調査、そしてワークショップを含む住民説明会等を行なってきた。グループ・インタビューや説明会については、可能な限り同課職員に立ち会ってもらった。神奈川県立川崎図書館等の視察やビジネス支援図書館推進協議会のシンポジウムにも、図書館の職員と産業政策課の職員が一緒に参加している。双方の担当者の打ち合わせは、三年以上にわたる開設準備の期間中、ほとんど毎週ときには毎日のように行なわれたのである。

現在も、御幸町図書館・産業政策課・産学交流センターの三者の担当者による打ち合わせは二週に一度の割合で開かれ、図書館側からすれば単なる業務連携の打ち合わせではなく、まったく性格の異なる施設間の相互理解、そして静岡市の経済情勢および経済政策の情報収集の場として重要な意味を持っている。

4　産学交流センターとの連携

産学交流センターとの連携については、相談事業のシームレス化、講座やイベントの「棲み分け」と協力、さらには資料の収集という点で実現している。

レファレンス・読書案内については、産学交流センターに起業や経営に関する相談（コンサルティング）を受けにきた利用者が、図書館の資料を利用する方が適当という相談員（中小企業診断士等）の判断により、図書館に案内された結果実施するというケースが多い。もちろん逆のケース（図書館から産学交流センターへ）もある。図書館および産学交流センターでは、こうした相談事業の連携を「相談事業のシームレス化」と位置づけて重視している。

ビジネス支援をうたう図書館では、講座を重要な事業として位置づけていることが多い。静岡市の場合、一般的なビジネス支援の講座については先に述べた経営相談や起業相談と並ぶ産学交流センターの主要な事業として位置づけられている。もちろん、図書館はそのPR等に全面的に協力している。二〇〇五年度は、センターと図書館双方のPRを意図して、産学交流センターが主催する「地産地消」「コーチング」など一五分野にわたるビジネス支援講座の個々のテーマに関連する図書・雑誌・ウェブサイト・データベースを紹介する情報源リストを作成した。これを図書館内で講座のチラシと一緒に配布すると同時に、講座の受講者にも配布したのである。また、個々の講座の実施時期にあわせて図書館内に臨時コーナーを設置し、関連資料の展示を実施した。情報源リストの作成は二〇〇六年度も引き続き実施している。

他方で、情報検索や図書館利用に関する講座（いわゆる「利用者教育」）については図書館が独自に行なうという考え方をとっている。二〇〇五年七月から御幸町図書館独自の講座として取り組んでいるのは、講師と受講者が原則として一対一で行なうデータベース入門講座「四五分で使いこなすデータベース」である。二〇〇六年度までに延べ一〇〇人以上の市民が受講し、わからないところにピンポイントでこたえる講座として好評である。受講後は御幸町図書館のリピーターとなってくださる受講者も少なくない。レファレンスも気軽に利用していただけるようになるようだ。

産学交流センター内には二〇〇五年度から静岡市中小企業支援センターも設置されており、国・県をはじめ、さまざまな産業支援機関・団体や大学等の研究・教育機関からビジネス支援に役立つパンフレット・報告書等の資料が送られてくる。これらを隔週の打ち合わせの際に図書館の職員が見て、役立ちそうなものは図書館で登録・配布している。また、関連機関を紹介してもらって資料を請求することもある。

5　産学交流センター以外の機関との連携

静岡県の産業振興にかかわる具体的な施策は、財団法人しずおか産業創造機構がコーディネートしている。当図書館は二〇〇五年四月一日に「県内中小企業に対する支援協力に関する基本協定書」を締結した。同機構をはじめ、国民生活金融公庫、中小企業庁、日本貿易振興機構（JETRO）等からもたびたび資料の無償提供を受けている。

静岡市観光課及び静岡市観光協会からも、随時、資料の提供を受けているが、観光情報サービスの拠点として図書館を位置づけることについて観光課と共に検討したこともある。これも広義のビジネス支援といえるだろう。

静岡県教育委員会社会教育課・静岡県立中央図書館ともしばしば情報交換をしてきた。特に県立図書館のビジネス支援サービスはこの数年の間に充実してきており、御幸町図書館もしばしばレファレンスや資料の貸出をお願いしている。今後、県レベルでビジネス支援に関する研修や情報交流の場がさらに充実してほしいところだ。

6　連携の意義と条件

これまで、御幸町図書館におけるビジネス支援の現状を、主として産学交流センターとの連携の視点から眺めてみた。ここからは、公共図書館単独では困難と思われるビジネス支援を有効なものとするため、連携がどのような意義を持っているのか、また連携を成功させるためにどのような条件を満たさなければならないのかを、産学交流センターと御幸町図書館の事例に即して考えてみたい。

まず連携の意義について。静岡市の個々の市民・小企業・個人事業者そして地域全体の経済的自立を共通の目的とする図書館と産学交流センターの「役割分担」は、連携の第一の意義と考えることができる。あらゆる市民に開かれた敷居の低い公共機関としての図書館には、さまざまなビジネス情報・資料の収集・提供の窓口としての役割に加え、経済的自立のための活動そのものへの関心を喚起する役割も期待される。他方で、産学交流センターが相談活動やセミナーを通じたより直接的な支援の役割を担うことは言うまでもない。たとえば、起業を希望する市民へのレファレンス・サービスがときには専門知識を必要とするコンサルティングに発展しそうになることもある。もちろん、これは図書館が責任をとることのできる範囲を超えている。そうした場合、ただちに産学交流センターの相談窓口やセミナーを紹介できるのが図書館と産学交流センターの連携の強みである。

だが、これらの守備範囲を前提とした連携の意義は、言葉を換えれば消極的な意義とでもいうべきものであろう。第二の、より積極的な意義は図書館と産学交流センターが相互の資源を提供しあって共通の目的達成のために取り組む相乗効果（シナジー）にあるといえる。たとえば、産学交流センターにとって御幸町図書館は自主事業や施設の存在そのものを多くの人に知らしめるための重要なPRの媒体である。また、図書館にとって産学交流センターは生きたビジネス情報源であり、ビジネス支援サービスに関する貴重な相談相手でもある。まだまだ未開拓のシナジーがあると私は感じている。現状の、とりわけ市町村図書館の状況では、関係機関とのこうした強力な連携機関を築かない限りコレクションにおいても職員面においてもきわめて貧弱な状況ですべてを背負い込んでしまうか、逆におざなりなサービスでお茶を濁すことになりかねない。「ビジネス支援には連携が不可欠」と主張する所以である。

次に、連携によってこうした意義が実現されるための前提条件について述べてみたい。最も大切な条件は、連携の当事者同士が使命やビジョンを共有しているということだろう。これは言うほど簡単なことではない。まず、それぞれの機関が使命やビジョンを明確にし、職員の間で共有できているかどうかが問われるからである。また、使命やビジョンを同じような言葉で表現していても、実際のイメージは大きく食い違っているということもあり得る。

先にも述べたとおり、静岡市の図書館と産学交流センターの担当者は開設の準備段階から三年以上にわたり頻繁に意見や情報を交換してきた。静岡市立図書館単独でも、「静岡市立図書館の使命、目的とサービス方針」という文書の中で、「仕事やくらし、まちづくりに役立つ」ことを使命の三本柱のひとつと位置づけ、図書館のウェブサイト等で公開している。だが、それぞれの職員には人事異動がある。また、役所のもつ組織文化としてセクショナリズムが根強く存在しており、それを連携志向、今流行りの言葉で言えば「協働」志向に変えていくのは容易なことではない。

こう書くと「図書館は産業支援施設と融合すればいい」と考える向きがあるかもしれないが、これはたいへんな誤解である。連携の第二の条件は、お互いの強みと弱みをよく理解することである。公共図書館の強みは何かといえば、第二章にも書いたとおり、誰でも拒まない間口の広さ、気がねなく立ち寄ることができる敷居の低さ、読むことに抵抗感のない利用者の知的欲求の強さである。公共図書館が産業支援施設と融合すればそれは専門図書館であって、間口の広さも敷居の低さも失われてしまう。また、森羅万象に関わる「薄いが広い」コレクションも森羅万象に関するビジネスが成り立つ現代においては大きな魅力だろう。公共図書館は市民だけでなく産業支援機関にとっても魅力のある存在なのだから、堂々と自己の立場を主張して相互の自律性を前提とした連携を組むべきなのだ。

他にも、連携の基本的な条件として、コミュニケーションの問題、制度的な問題などがある。静岡市の場合、コミュニケーションについては同じビル内にあることが好条件として作用している。制度的には図書館が市の直営であるのに対し産学交流センターが指定管理者による運営という運営形態の違いがあるとはいえ、設置者が同じ静岡市であり産業政策課が積極的に仲介者の役割を果たしてくれていることはプラスの条件である。

従来、図書館が複合施設に入ることはマイナスと考えられることが多かった。確かにそうした面があることは否めない。だが、ひとたび複合化が決まればプラスの条件に転化するための努力を惜しまないことが納税者に対する責務だろう。静岡市の事例についていえば、関係者すべてが意識的に相乗効果を追求することによってビジネス支援サービスがはじめて可能になったのは否定できない事実である。

7　取り組まなければわからなかったこと

図書館がビジネス支援に取り組む理由は第三章で述べているが、ビジネス支援に取り組まなければ見えてこなかったことは確実に存在する。その中でも特に重要と思われることをひとつだけ指摘して本章の結びとしたい。それは、ほかでもないビジネス支援サービスの利用者像である。

御幸町図書館が開館するまで、図書館のビジネス支援サービスを利用する市民のイメージは抽象的なものであった。しかし、実際に開館してみると当初からのねらいである起業・副業に関心をもつ利用者に加え、個人投資・資産運用に興味がある利用者や就職・転職・資格取得・スキルアップに興味がある利用者がかなりの数にのぼることに気づかざるを得なかった。

このようなリクエストは従来もけっしてなかったわけではない。ただ図書館側の関心の中では周辺部分に追いやられてきた。特に個人投資に関する資料のリクエストは「金をもうけたものが勝ちという風潮」（前川）を表すものと見なされがちであり、相互貸借も難しい場合は「どうお断りするか」という悩みの種として扱われてきたきらいがある。だが図書館内でビジネス支援という意識づけが行なわれることで、こうした欲求は経済的自立への志向と表裏の関係にあるものして図書館員の認知の対象、さらには関心の対象へと「格上げ」されたのである。もちろん政府が個人投資を推進するについては、さまざまな隠れた意図を指摘することが可能であろう。

しかし、どんな意図があるにせよ無知が権力と無縁な個人の役に立ったためしはなく、図書館としては個人投資に関心をもつ市民が少しでも「賢く」行動できるように彼らの手助けとなる資料を収集・提供することに努めねばならないはずだ。そのためには、少なくとも個人投資をめぐる社会情勢や個人投資に関するニーズとそれに関連する情報流通の状況についての勉強が必要である。すべての公共図書館にとっての大きな課題である新規利用者の開拓も、さまざまな分野におけるこうした地道な努力の末にしか展望は開けないだろう。

第五章　ニーズを知り、組織を変える

豊田　高広

1　新規顧客の開拓に取り組む理由

図書館サービスの顧客をどのように増やしていくか考えるとき、重要なのは新規顧客の開拓とリピーターの確保である。図書館サービスによって満たし得る顧客のニーズは多様だから、ニーズの違いによって顧客を区分していけば、おそらく数十種類の顧客層が想定できるだろう。今は人口減少とデジタル化の時代であり、図書館が新しい顧客に支持されるのは決して簡単なことではない。異なるニーズをもった複数の新規顧客層の開拓に取り組まなければ、利用がじりじりと減っていくのは明らかなことだ。

実のところ、御幸町図書館が力を入れるビジネス支援サービスや多言語サービスも新規顧客層の開拓の試みに他ならない。ビジネス支援サービスの場合は、従来の顧客にビジネス目的でも利用していただくということが新規顧客開拓の重要な側面である。多言語サービスの場合は、図書館とまったく接点がなかった外国人住民に、図書館は彼らのためのものでもあるということを認知してもらうことが、最初のハードルである。

このように取り得る戦略は焦点をあてるニーズによって異なるが、ビジネス支援サービスと多言語サービスのどちらの利用者も図書館の新規顧客としては重要な存在である。なぜなら、資産運用や起業を含めたビジネスにまったく関心をもたない成人は今や少数派であり、彼らに焦点をあてたサービスを行なわないことは成人を図書館利用の主な対象と考えないというのに等しい。また、日本に住む外国人は年々急増の一途をたどっており静岡市に限定しても外国人住民は一万人に達しようとしているが、彼らの情報や文化に関するニーズを地域社会は受けとめかねているのが実情である。こうした社会的ニーズがあるにもかかわらず、静岡市の図書館はそれらと正面から向き合ってこなかった。御幸町図書館の開設はこれらのニーズに応えるサービスに着手する好機だったのである。

2　人はなぜ図書館を利用しないのか

新規顧客の開拓をお題目のように唱えても、これまで図書館を利用しなかった人々が「じゃあ使ってみましょう」と図書館に振り向きなおしてくれるほど世の中は甘くない。少なくとも、なぜ図書館を利用しない人々が市民の三分の二を占めるのかという点についての洞察は欠かせないはずである。

二〇〇五年度、静岡市が成人男女を対象にした世論調査に図書館に関するいくつかの設問を挿入したのは、そのような問題意識があったからである。この世論調査は毎年、静岡市の広報課が実施しているものであり、市役所の各セクションが希望する設問も組み入れてもらえるので、予算措置の必要がない簡便な調査方法として図書館ではときどき利用している。

本年度の調査で「図書館を利用しない」と答えた六五％の市民の、なぜ利用しないかという理由（複数回答可）は以下のようなものであった。

場所や交通アクセスに関連する「図書館が近くにない」（三二・八％）、「駐車場がない、または、あっても不便」（二七・一％）がそれぞれ一位と二位で上位を占めるのは容易に予想できたことである。また、図書館ニーズそのものが希薄であると思わせる「本やＣＤは自分で買うので借りる必要がない」（二四・一％）と「本を読んだり、音楽を聴いたりしない」（一一・一％）はそれぞれ二位と五位であった。

私が特に興味深いのは、サービスそのものではなく、サービスに関する情報にアクセスできないという状況を示唆する回答が多かったことだ。「どういう資料があるかわからない」（一三・八％）、「図書館の開館日・開館時間がわからない」（一〇・六％）、「図書館の場所がわからない」（九・三％）がそれである。「どういう資料があるかわからない」が四位というのは、インターネットによる目録の公開がもつ意義を裏側から証しだてているといえるだろう。電話や電子メールなどを用いた遠隔からのレファレンス・サービスについても、もっと利用してもらう方策を考える必要がある。「開館日・開館時間がわからない」については、「利用したいときに開館していない」の八・六％を上回る。これは、ただ闇雲に開館時間を延ばすというありがちな施策が当を得ているかどうか疑わせるに足る結果だろう。開館時間を延ばしてもそのことを住民が知らないのでは意味がない。同じことはサービスの他の要素についてもいえるはずだ。PRの問題について真剣に考えざるを得ない。

調査結果と直接には関係ないが、PRに関連して触れておきたいことがある。従来は図書館のPRすなわち紙媒体（館報、市広報）というイメージが強かったが、PRをインターネットやイベントを含むさまざまなバリエーションの組み合わせで考えること、口コミを意図したPR

方法を工夫すること、ＰＲを同時にニーズの把握の手段とすることなどが重要であろう。御幸町図書館の場合、ビジネス支援サービスについては併設の静岡市産学交流センターのＰＲに便乗して、同センターのチラシやメールマガジンに図書館の紹介を掲載したり同センター主催のセミナー等で図書館の利用について説明したりしている。同センターの中小企業診断士やインキュベーション・マネージャーにより、相談時の図書館に関する案内も行なわれている。種々の館内展示とあわせて有効なＰＲ手段となり得ていると思う。

多言語サービスについては、外国人のコミュニティにおける口コミが功を奏している様子がうかがえる。英語、中国語、ポルトガル語、ハングルのポピュラーな図書や雑誌・新聞をまとめて利用できるうえに、インターネットまで使える場所は静岡市周辺では他に存在しないのだから、これは当然のことともいえるだろう。ビジネス支援サービスについても徐々に口コミによる利用が増えているように思われる。他人に勧めたくなるような高品質のサービスの提供こそが、最高のＰＲといえるかもしれない。

二〇〇五年暮れ、御幸町図書館の開館から約三ヵ月が経過した時点で、静岡市は静岡市周辺の起業家およびこれから起業を考えている人々に対して図書館利用に関するインタビュー調査を行なった。文部科学省の社会教育活性化二一世紀プランモデル事業の一環としての調査は、「人はなぜ図書館を利用しないか」という問いに先の世論調査とは別の側面から答えるものであった。一言でいえば、起業家たちは「図書館を使おう」などとは夢にも思わなかったのである。

この調査によれば図書館にある情報は「古い」というイメージがあり、ビジネス支援機能はほとんど思いつかない。彼らの知りたい情報は、主に「新しい」情報である。また、図書館の資料は返さなければならないが、返すのは面倒だしほしい情報は手許に置いておきたいものでもある。インターネットで手軽に調べものができるのになぜ図書館で面倒な思いをしなければならないのか。図書館の司書に聞いても、自分たちが知りたい専門分野についてまともな回答が返ってくるとは思えない。起業家および起業家志願者が共通に抱く図書館のイメージは以上のようなものである。商用データベースを導入し、多数の逐次刊行物（雑誌・新聞）を購読することで「新しい情報」を積極的に揃えていくと同時に、わかりやすい展示や主題別リスト（パスファインダー）を用意し、さらに司書・サーチャーが中心となって情報探索にかかる手間と時間を節約するといった「望ましい図書館像」が逆に浮き彫りになってくる。

御幸町図書館がめざすものと、一般に起業を考え実行している人々が図書館にもつイメージにこれだけ大きなギャップがあると、逆に図書館がビジネス支援の名のもとに行なうサービスやPRはすべて新鮮だし、実体がともなっているものならば非常な好意をもって受けとめられるという面もある。だが、真にビジネスに役立つことをめざすなら、具体的に図書館の使い方を提案してその方法について学んでもらうことも必要であろう。図書館の世界では「利用者教育」という言葉が使われるが、あえてビジネス用語を当てはめるなら「提案型営業」という呼び方がふさわしいかもしれない。

3　「提案型営業」への挑戦

新規顧客とは、今まで自分に合った図書館の利用法を思いつかなかった住民かもしれない。とりわけビジネス支援サービスにおいてこのような指摘があてはまるのではないか。そこで二〇〇六年度から、静岡市産学交流センターが主催するビジネス支援講座や同センターで開催される会議などで「御幸町図書館はこう使える」という売り込みを開始した。レファレンスなど知らないし仕事で図書館を使うなんて思いもよらないのが当たり前だから、想像力を駆使し仮説を立てて提案を「ぶつける」ことが大事と考えたのである。講座や会議の特徴に合わせて提案型の営業を心がけている。

たとえば、ホテル・旅館業の組合の会合に営業に行くときは、宿泊客の観光に役立つ情報が図書館で手に入ること、外国人の宿泊客に役立つような多言語の資料も数多くあること、組合員の仕事に役立つ資料の提供や調べものにも対応していることを、実際のレファレンス事例も引きながら説明する。すると、聞いている方の中からも「私はこう使った」というような話題が出て、こちらが驚いたり感謝させられたりすることが少なくない。説明に際してはA4判で一枚、片面程度の資料をそのつど作成し、図書館の出来合いの利用案内やリーフレットと一緒に配布する。できるだけ一五分から三〇分程度の説明をし、その後で館内を案内している。

公務員の仕事もビジネスであることに違いはない。長期的な視点で静岡市役所内にも仕事のための図書館利用を増やしていくことは、市役所そのものの情報武装と行政の図書館サービスへの理解の増進につながるという視点で、二〇〇五年度末に市役所人事課への「提案型営業」も実施した。結果として、二〇〇六年度から新採用職員のための「図書館を使った情報教育」の研修を一時間にわたり実施することになった。七月に約一〇〇人の新採用職員を対象にパワーポイントによる解説と見学をセットにした研修を行なったが、反応はかなりよい。その後のレファレンスの利用やデータベース講習会への参加につながっている。

以上の「提案型営業」の主力は、今のところ館長を務める私自身である。しかし、新規顧客の開拓をさらに進めていくためには職員一人ひとりが顧客志向を理解しなければならない。顧客志向が最初に試されるのは図書館サービスの主力「商品」である資料の選定、いわゆる選書である。二〇〇六年六月には、このような視点から御幸町図書館だけでなく同年四月に静岡市立図書館に配属されたすべての職員を対象に選書ワークシップを実施した。

4　「気づき」を生む選書ワークショップ

静岡市立図書館新人研修の一環として約五〇人を対象に実施した選書ワークショップの狙いは二つあった。スローガン風に書けば、ひとつは「自分の趣味による選書」から「図書館利用者のニーズに根ざした選書」へ、もうひとつは「個人の意見による選書」から「チームで取り組む選書」へということになる。この二つについて経験を通じて考えてもらおうということだったのである。気づきを促し、行動の変化を求めるのがこのワークショップの目的だから、当然のことながら実施後のフォローアップにも力を入れた。受講者の行動が変化しない研修は意味がないということだ。

実施方法はこんな具合である。

ワークショップに先立って、図書館流通センターが発行している「週刊新刊全点案内」という冊子体の新刊カタログの中から、主催者の側でさまざまな分野の図書三〇点を選んで、その部分のコピーを参加予定者全員に配布する。

ワークショップ当日は四人から五人のグループに分かれてもらい、各グループをそれぞれ一つの館に見立てて、自分たちのグループ（館）では「どういう層をターゲットにして資料選定をするか」を決めてもらう。また、そのターゲットがどういうニーズを持っているか、できるだけたくさん出し合ってもらう。以上の作業を済ませたところでグループごとに、あらかじめ知らせてあった三〇点をターゲットに合わせて一五点に絞り込んでもらう。この際、安易に妥協せずに選定の理由にこだわって徹底的に話し合ってもらうのがミソである。最後に、この作業を通じて気づいたことをグループごとに書き出し提出していただく。これがフォローアップの素材になる。

フォローアップでは、「気づき」を整理して講師である私のコメントをつけたものを全参加者に配布する。そして、あらためてそれらを読んだ感想と、これから仕事にどう生かしていくかを書いたアンケートを提出してもらうのである。

実際に寄せられた「気づき」をいくつか挙げてみよう。

・利用者が本の入門からステップアップしていけるような本の選書をしていきたい。
・ターゲットをはっきりさせることで選書がしやすくなる。
・いろいろな人と意見を交換することで知識の共有ができた。
・ターゲットの生活を想像する力が大切。
・ターゲットを取り巻く環境を知らないと興味の幅がわからない。
・流行や世の中の流れに対して敏感でいるようにしたい。

・選書が進むに連れ、ターゲットにした「子連れ三〇代」の孤独感・焦燥感を解消するものに重点を置くようになっていった。

これらの「気づき」と私のコメントを読んだ職員のアンケートは、ほとんどがぎっしりと文字が詰まった内容の濃いものだった。御幸町図書館以外の館でも、選書について職員同士が話し合うようになったという声を聞いたときは嬉しかった。このワークショップはあくまでもひとつの試みにすぎないが、今後、図書館を「学習する組織」に革新していくための重要な手がかりを得ることができたと感じている。

5　「学習する組織」に向かって

経営学の概念である「学習する組織」という言葉は、その提唱者として知られるピーター・センゲによれば「自分達が本当に望んでいるものに一歩一歩近づいていく能力を自分達の力で高めていける集団」を意味する（ピーター・センゲほか『フィールドブック学習する組織「五つの能力」』日本経済新聞社、二〇〇三年）。マーケティングが、市場（地域社会）とのコミュニケーションを通じて地域社会のニーズを発見し、サービスの送り手と受け手の相互行為によってそのニーズを満たしていくことだとすれば、図書館という組織も「学習する組織」でなければならない。なぜなら、地域社会のニーズも顧客のニーズもマクロとミクロ両方の次元で変化しつづけており、図書館はその変化を察知しつつ適応していかなければ地域社会の中で適切な役割を果たすことができないからである。

特に御幸町図書館の場合は専門職としての司書は正規職員に一人いるだけで、他の正規職員は筆者も含め事務職として数年での異動が常態である。他方で非常勤嘱託職員は五年以内での雇用止めが制度化されている。したがって、学習を通じて組織そのものの能力をスパイラル状に高めていかなければ、職員の転出・解雇とともにせっかく御幸町図書館の経験を通じて獲得した技術・知識・信念等の知的資源が流出することを、誰もとどめることはできない。

では、どうしたら御幸町図書館を「学習する組織」にすることができるのか。

第一に、「学習」を技術や知識の習得にとどめず、むしろ「気づき」として捉えることが重要であろう。「気づき」とは、言葉を換えれば「わかった！」という体験である。「気づき」の積み重ねは応用可能な「知恵」となり、組織の変化に対応する能力＝学習する能力そのものを高めていく。また、「気づき」にはわかることの喜びの感覚が含まれる。それゆえ「気づき」は「学習する組織」を支える個人単位の学習への参加の動機づけともなるのである。

第二に学習環境、とりわけ無形の学習環境としての「学習を奨励し、促進する組織文化」をつくっていくことが大切になる。要は、自分で考え、互いに学び、みんなで試行錯誤することを積極的に認める職場づくりということである。御幸町図書館の場合、正規職員・嘱託職員・臨時職員・派遣職員が一つの職場で共に働いている。そのような状況で、身分や勤続年数による差別なく自由に新しい事業や仕事の方法を提案したり実行したりすることが奨励されなければ、学習する組織など不可能である。上下の別なく学び合い教え合うチーム・スピリットの確立が学習する組織には欠かせない。間違いを隠さなければならないような雰囲気は最悪である。失敗からこそ、最も多くのことが学べるのだから。あとで述べる学習する資源へのアクセスについても、差別があってはならない。

第三に、多様な学習資源を発掘し、活用することが重要である。資源の例を三つ挙げてみよう。

まず、仕事の経験である。先ほど書いたように失敗は最高の学習資源である。だから、ときには意図的に失敗することも必要である。つまり実験である。「見せる棚」は、ニーズに関する仮説が正しいか間違っているかを検証しやすくするための試みともいえる。たとえば起業コーナーの中にバイオテクノロジーに関する展示をつくるという提案が、担当する新人職員から出てきた。静岡市にはそういうことをめざしている起業家はそんなにいないと決めつけて、やめさせるのは簡単なことだ。しかし、やってみる。一ヵ月、展示した資料の動きを一緒に観察してみる。その結果からは「そんなのやめろ」という命令とは異なり、さまざまな「気づき」

が可能なはずである。

次に、職員相互を学習資源とすることである。職員同士で学びあうと言い換えてもいい。先の選書ワークショップや、現在、御幸町図書館で勤務時間外に自主的研修会として行なっているレファレンスのワークショップは、外部の講師をたてないで協働作業や討論から学ぶという意味で、まさに職員相互の学習資源化といえる。各フロアで職員が勤務中に気がついたことを記す「連絡ノート」は毎週ワープロで起こして討議資料にしたり職員に配布しているが、これも職員相互の学習資源化であろう。もちろん会議も司会（ファシリテーター）の手腕によって貴重な学習機会となる。それも私が御幸町図書館でめざしているところである。なお、さまざまな部署を異動し多様な分野の職務経験と人的ネットワークを培ってきた事務職のベテランは、司書資格保有者優位の職場において貴重な学習資源であることを指摘しておきたい。それをお荷物視する組織には問題があるといわざるを得ない。

最後に、学習資源を組織の外に求めるということも当然ある。こういうと一般には、外部講師の招聘が想起されるだろう。もちろんそれは間違ってはいない。だが、外部講師を招くのは、予想される効果に比例して経費もかかる。御幸町図書館は一地域館であって、そのような予算が自由になるわけでもない。そこで、二〇〇六年度下半期から静岡市産学交流センターが主催するビジネス支援講座の多様なラインナップを職員研修の機会に使うこととした。希望する職員は、身分の区別なく無料でこれらの講座に参加できることにする。産学交流センターとの日頃からの連携の成果のうえに立ったたいへんありがたい決定である。

「学習する組織」の構築はほんの入り口にさしかかったにすぎないが、マーケティングを戦略として進めていくためには避けて通れない道と認識している。館長としてマーケティング戦略を指導すると同時に組織的な学習をバックアップするために、私自身も経営学や心理学に関する学習の必要性を痛感しているところである。

6　公共図書館の強みは何か

実は、新規顧客獲得という視点からは公共図書館は多くの利点を持っている。このことを指摘してこの章の結びとしたい。

まず、公共図書館は知的ニーズの変化を推し測るための一種のアンテナ・ショップである。公共図書館のコレクションは、「広く・浅く」しかもバラエティに富んでいるから、利用状況を観察すればニーズの変化をいちはやく推理できる。「ニーズあり」とわかれば、その分野について仮説と検証を繰り返しながら「浅く」を「深く」にしていくことも可能である。

次に、公共図書館はすべての人々にあらゆる分野の情報・知識へのアクセスを保障するポータルサイトである。公共図書館は専門機関に比べ敷居が低く住民の生活に密着しているうえに公共機関としての信頼度も高いから、他の専門機関に対して「玄関」の役割を果たすことができる。そのためにも、連携の努力とレフェラル・サービスが重要となる。

最後に、公共図書館は地域社会における情報拠点としての役割を果たす。図書館は地域で最も情報が集まる組織の一つである「役所」「役場」の機関として、最初から有利な立場にある。

これらの「強み」が活かせていないとしたらそれはなぜか。これは答えるに値する問いである。逆にこれらの強みを活かしきることができれば、御幸町図書館が「まちの真ん中」となることは十分に可能である。

第六章　市民が活動し、図書館を支える

平野　雅彦

1　情報編集の達人が図書館やまちをおもしろくする

二〇〇一年から開催された御幸町図書館の基本構想等策定委員のひとりとして、理想の図書館像を語り尽くしたのはよいが、ではそれをいかに具体的なカタチにしていくか。理想を語った者には同時にそれを具現化していく責任が発生する。少なくとも私は常に自分自身にそう言い聞かせている。「行政はなにもしてくれない」「ハードはつくったが、ソフトがない」「税金の無駄づかい」。誤解を恐れず言えば、こういった行政へ向けた紋切り型の発言には耳にタコができている。心ある行政マンは、市民が考えている以上に創造的で、さまざまなテーマに積

極的に取り組み、東奔西走し、多くの成果を出している。予算や組織の仕組みにがんじがらめになりながらも、それでも内側から旧態依然とした制度と闘い続けている優秀な行政マンを幾人も知っている。

そもそも行政サービスとは、組織としての行政が一方的に提供してくれるものではないはずだ。こんなサービスがほしいが、まだそのサービスがない。あるいは不十分だ。そう思ったら、市民はエサをねだる鳥のヒナや鯉のように口を開けて待っているだけではいけない。自らがそのサービス実現と充実に向けて行動しなければいけない。市政による充実したサービスはこうしてより理想のカタチを整えていくと強く信じている。

私は御幸町図書館基本構想等策定委員会の席で、ビジネス支援図書館を積極的に使いこなせる人材をイメージしながら、今後の地域図書館のあるべき方向性と具体的な案をいくつも挙げた。「地域の生きた財産の活用」「図書館は膨大な情報がある場所ではなく、あらゆる情報にアクセスできる装置」「地域と地域がつながる経営者の書棚作り」「図書館ではなく図書CAN」など。中でももっとも重視したのは市民の「情報編集能力」のアップである。「情報編集能力」とは、情報と情報を組み合わせたり編み直したりしながら、既成の概念に縛られることなく、そこから新しい情報を紡ぎ出していく創造的な行為のことである。といっても、なにも難しく考えることはない。明日のお弁当のメニューとピカソの絵を重ねて自分だけのお弁当をつくってみたり、チラッと横目で見たテレビ番組のワンシーンとＰＴＡの活動を結びつけて考えてみたり、会社組織を活性化する仕組みを幼稚園の体操教室の運営に発見してみたりしながら、そこから新しい情報を創出する技術のことである。情報の「技化」といってもよい。

ただこのように、異なる姿をしている二つ以上のものを、どこで、どのタイミングで重ねていくかがポイントになる。そうなると、それらを意識的に、より質の高い創造行為に発展させようと思うとちょっとしたコツと方法が必要となる。実はこの行為の連続こそが、情報文化の発展史であり、生命史そのものに他ならない。ゆえにその蓄積である「万人が利用可能な情報の保管庫」としての図書館そのものが文化、文明の発展の集大成である。私はそれを「方法」として取り出し、「技化」し、ビジネス支援図書館の目玉にしたいと企んでいた。

以下は、それらをふまえたいくつかの試みのレポートである。もちろんすべてが成功したとは言いきれない。課題も多い。だが、これは市民グループと図書館が一丸となって実施した、今までにない図書館サービスを構築するための第一歩だと自負している。

2　「オムスビスト」って何だ

まず考えたのは、御幸町図書館を舞台に情報編集の達人を育てるプログラムを実施することだった。そもそも何かのプロジェクトを興す際に、とても重視しなければならないことがある。それはネーミングである。ネーミングがよいと、企画全体が社会から注目され、活動する人々も生き生きしてくる。品質はすばらしいのになぜか見向きもされなかった商品が、ネーミングを変えただけで膨大な販売実績をつくったという例は市場にいくらでも転がっている。近所の金物屋さんでは全く売れない亀の子タワシが、名前を変えて有名生活雑貨店に並んだとたんに飛ぶように売れたとか、サラリーマンの通勤用靴下に、蒸れないような改良を加えて販売したが泣かず飛ばず。しかし名前を変えて売り出したところ出荷が間に合わないほどのヒット商品に成長したといった例は枚挙にいとまがない。

まずはネーミングだ。新しくコトを興すときには、マスコミも記事にしやすい方がよい。自分が取材する立場なら、同じ企画を取材するにしても、活動団体やプロジェクトの名前がおもしろい方を記事にするだろう。そう考えて、このプロジェクトが具体的に新聞の記事になり、テレビ画面の向こうでアナウンサーが少し興奮を抑えながらプロジェクト名を読み上げているところを想像した。それから、自分なりにネーミングをいくつも考えた。当時のメモが残っているが一〇〇を超えるネーミング案を考え出した。

このプロジェクトは、人が命。情報と情報を結びつけ、新しい情報を編集していく人間そのものの機能と能力をネーミング化しよう。できれば、この情報の達人の名前がイコール、プロジェクトの機能を表しているのがいちばんよいだろう。何かと何かを結びつける人……結ぶ人……毎日のように図書館に通いつめ、辞書とにらめっこし、自転車に乗りながらも、食事をしながらも、美術館で絵を観ながらも考え抜いた。そうしてある日、コンビニエンス・ストアで弁当を選んでいるときに、その瞬間はやってきた。情報と情報を結ぶ人。そうだ、その名も「オムスビスト」。棚に並んださまざまな具を抱え込んだおむすびをプロジェクト・メンバーに見立てた瞬間、このアイデアが湧き出した。

仕事場に駆け込み、おむすびを片手に辞書を繰った。そうして改めて認識したのは、日本の文化というのは「結ぶ文化」であるということだ。紐や熨斗《のし》、着物の帯、神社の注連縄《しめなわ》、時代をずっと遡ってみても土器のたぐいにも結び目の文様がある。結婚や結納、結縁《けちえん》（仏教用語）などにも結ぶという文字が使われている。それ以外にも、なんと「むすこ」や「むすめ」までもが、「結ぶ」の縁語だと知って驚いた。あらゆるものを結ぶ行為が日本の伝統にはあったのだ。そもそも「産霊」と書いて結ぶと読ませた。結んだ部分には不思議な霊力が発生すると考えられたのだ（それを「鬼の目」と呼んだ）。結ぶことで新たなるエネルギーが湧き出す、そんな意味を持ったネーミング。情報編集のコンセプトにぴったりではないか。しかも、ユーモアがあり、なにやら新しい予感と響きもある。

もう一つは「オムスビスト」を単なるプランナーとかプロデューサーと一線を画するために、

それなりのショルダー（肩書き）が必要だと考えた。まだ認知度のない段階では、そのネーミングの機能をよりわかりやすく伝えていく必要があるからだ（おむすび屋さんと勘違いされないように）。そこで改めて考えたのが、「ビジネス・チャンス」という言葉だった。ビジネスのサクセス・ストーリーを注意深く分析すると、その多くには、ここいちばん、というタイミングがある。同じ場所、同じタイミングに居合わせてもビジネスで成功する人、そうでない人がいることを多くの例が実証している。それは自分の体験を振り返ってみても明らかだ。情報編集の達人は、チャンスを放っておかない。ビジネスの「ありか」を注意深く観察している。そうしてチャンスの到来を敏感に感じ取り、創造し、演出する行為にまで昇華させる、そんな存在でなければならないし、同時に情報と情報を結び、人と人をつないでいかなければならない。

そこで編み出したのが「チャンスを創る・チャンスを結ぶ情報編集の達人　オムスビスト」というショルダーである。私が好んで使う言葉に「自熟」と「時熟」がある。自分が熟し、同時に時代、時間、タイミングが熟す、その二つの軸がクロスしたときに初めてものごとが成功へと向かって動き出す。自分だけが熟してもだめだし、時代や時間、タイミングだけが熟してもものごとは動き出さない。この二つの軸がクロスして初めてよい結果が得られるのだ。その意味でも今回の一連の講座は、まさにスタッフのみんなの自熟と、図書館が立ち上がるという時熟の両方が見事にクロスした結果と言えるだろう。

3　運営スタッフをどうするか

次に知恵を絞ったのは「チャンスを創る・チャンスを結ぶ情報編集の達人　オムスビスト」を運営するスタッフはどのような人材がよいかという問題だ。静岡市には一〇年以上の歴史をもつ生涯学習事業「静岡まちづくりの学校　コラボ」（前身は「静岡ヒュウマンカレッジ」）があった。当時私はそのコーディネーターをしていたこともあり、その中のひとつのグループに注目し、声をかけることにした。このグループは、美術館の職員、大学生、元高校の先生、ｗｅｂプランナー、グラフィックデザイナー、建築・土木会社勤務の営業企画、アナウンサーなどで構成されており、個性的な人物がバランスよく揃っていた。このメンバーで動かしていけば必ず成功する。そう直感した。なぜなら彼らこそ、アクティブな情報編集の現場にリアルタイムでいるからだ。

ただ、彼らは自分の編集能力とその行為に意識がいっていないのではないかと考えた。意識していない能力は「ない」に等しい。哲学者ソシュールは、名前のないものはこの世に存在しない、という意味のことを言っている。丘は、丘という名前がなければ、ただの地面が盛り上がったところだ。川は川という名前があるからこそ川として存在する。病名が付いていない症状は、それはどんなにひどい症状でも病気ではない。それと同じで、自らが意識していない能力は、能力ではない。意識して初めてそれが能力として「技化」できる。私は彼らに、図書館を舞台に「情報編集塾」といったものを立ち上げてみないかと声をかけた。当時は、このメンバーも自分たちの考えたまちづくりのプランを静岡市にプレゼンテーションしたばかりで、力があり余っていた。何かやりたい。もっと何かできる。彼らはそう思っていた。そのタイミングを狙って声をかけた。

そしてこのプロジェクトを動かすために、二つの学び場をつくることを提案した。一つは今までも語ってきたように、情報編集の達人を育てる「オムスビスト養成講座」。情報編集能力の「技化」を伝授し、ビジネスチャンスを創造する場である。

もう一つは、現在社会の第一線で活躍しているキーパーソンが図書館とどのように関わっているかという生の声を聞く場を設定することだ。そちらには「金曜くるま座夜学」という名前を付けた。この意見を出したとき、メンバーの何人かが即座に反対した。それは「きっと一流の人ほど図書館なんか使っていませんよ」「使っていないんだからきっと図書館にとってマイナスイメージになりますよ」という意見だった。確かに情報の達人と呼ばれる人でさえ、日常的に図書館を使っていないということはうすうす感じていた。

だが私はそれに対して「いいじゃないか。キーパーソンたちが使わない図書館にはどんな問題があるのかわかる。どんな課題を解決すれば、彼らはもっと図書館を使ってくれるのかわかるよいチャンスだと捉えよう。そうしてこれを機会に、図書館という場所を再認識していただこう。企画の奥にキーパーソンを図書館に呼び寄せるためのコンセプトを置こう」と提案した。「ビジネス・キーパーソンが使わない図書館」とはどんな条件が整っていない図書館か。一流の人々の本音を聞き、それを課題として受けとめていけば、きっと静岡のビジネス支援図書館はよりよい方向へと進んでいくはずである。

そもそも静岡市は戦後早くから地域住民が村の発展と親睦を深める目的で、全国に先駆け「夜学」という学びの場を積極的におこなってきた地域である。昼間の仕事を終え、身も心も労働から解放されたとき、初めて人々は自由を手に入れる。そこではみんなが本音で話し合え、平等に学びあえたに違いない。日本の歴史をみても、石田梅岩、中江藤樹、本居宣長、吉田松陰、新渡戸稲造、国木田独歩たちは「夜学」をとても重視していた。ヨーロッパのクラブやサロンが政党や保険、広告文化を産み落としたように、新しい文化もこの図書館からスタートできるかもしれない。この達人たちの方法を使わせてもらおう。

そこで、毎月一回合計六回、金曜日の夜にアルコールを少し我慢してもらい、夜の図書館に集まっていただくことにした（二〇〇四年一〇月二九日〜二〇〇五年三月一四日の間に実施）。御幸町図書館は午後八時まで開館。閉館後を参加者だけで独り占めできるという贅沢な企画である。

考えてみると、閉館後の図書館を夜八時から開けてもらうというごく当たり前のことも、一般的な行政現場の感覚からすると、とても面倒なことに違いない。そこがクリアできたのは、当時の館長と職員の皆様の深いご理解のたまものである。

当初の予定では十数名の参加者と講師が書棚の間で車座となり、講師が自分の話や得意ジャンルに関連する書棚の前で関連書物をあやつって話を進めるという案だった。だが結果的に定員の倍以上の参加者が集まってくださり、スペースの関係もあって、椅子に腰掛けながら車座になるというスタイルで「金曜くるま座夜学」は実施されることになった。

4 一流のキーパーソンはなぜ図書館を使わないのか

講師選びには最も力を注いだ。この講座の中身は講師陣で決まるからだ。そのため講師選びの条件を二つ設けることにした。一つは、その道の一流であること。もう一つは、話がうまいこと。簡単なようでこの二つをクリアするのは容易ではない。予算も湯水のごとくあるわけではない（正確に言えば、市の補助金を一部頂戴した）。メンバーは日々講師の候補を持ち寄り、全体のバランスをみながら交渉に力を注いだ。その結果、六名の講師陣が挙がった。地域と地域を結びつけ、常に新しいコトを興しつづけるまちづくりのプロデューサー。出版とイベントを巧みに重ねて何十年も活動を続けているプロデューサー。地域の情報を活字だけに頼らず、現場にきちんと足を運ぶ古書店の店主。変わりゆく放送業界で常に問題意識を持ちつづけるNHKのアナウンサー。学生たちと地域でビジネスを始めた高校の先生。一流化粧品メーカーの広報・広告担当として日本の広告の背骨を創ったクリエイティブ・ディレクター。その顔ぶれもさまざまである。内情を告白すれば、講師陣にはその実績と活躍に見合ったギャラもお支払いできなかった。にもかかわらずスタッフの熱意と縁故関係のみによって駆けつけてくださった。

講座が始まってみると、これが予想以上におもしろい。案の定、講師陣のほとんどがビジネスでもプライベートでも図書館を使っていないということが明るみに出た。理由は「ほしい情報が図書館にない（と思い込んでいる）」「本に書き込みをしたいが、図書館の本にはそれができない」「本屋さんの方がディスプレイなどの見せ方が刺激的だ。図書館ではできないのか」「使いたい時間に図書館が開館していない」「ほしい情報は活字になっていない」「本は借りものではなく、買うものである（と思い込んでいる）」「リクエストが多い本ではなく、マイナーだが司書おすすめ本をもっと積極的にPRしても良いのではないか」「借りられている本は、そもそも、検索しない限りないのも同じ」など、多くの意見が挙がった。

まず、わかったことは、キーパーソンたちは、情報源を活字だけに頼っているのではないということである。こんなことは当たり前だと言われるかもしれないが、企画スタッフたちは講

チャンスを創る　チャンスを結ぶ　オムスビスト

金曜くるま座夜学

図書館に通っていますか？
毎日行くひと。
まだ一度も行ったことのないひと。
聞き耳を立ててみると、
ビジネスに直接使えるサービスが少ないんじゃないか、
本になっていない生の情報がないんじゃないか…
なるほどなるほど、いろんな理由があるんでしょうね。
ところで使いやすい図書館って行政が一方的に
市民にサービスするものなんでしょうかねぇ？
希望するサービスがなければ
市民側が提案して準備したらどうだろう、
なんて考えるのは変ですか。
本当に使いやすい施設って、やっぱり住民参加で
つくっていくんじゃないかな。
オムスビストが提案します。

主催　「チャンスを創る　チャンスを結ぶ　オムスビスト」
※オムスビストは、静岡市まちづくりの学校コラボの卒業生が立ち上げた組織です。

共催　静岡市立御幸町図書館

日時　2004年10月29日～2005年3月11日
全6回　各回午後8時から10時

会場　静岡市立御幸町図書館内4階ボランティア室

参加費　全6回通券6000円
※参加費は第一回目に徴収させて頂きます。

金曜くるま座夜学のご案内・お申し込みについては、裏面をご覧下さい。

一冊の絵本から
ビジネスチャンスを
見つけだせる可能性
だってあるはず。

くるま座の舞台は、2004年秋オープンの静岡市立御幸町図書館。
書棚の間で丸くなって話しましょう。

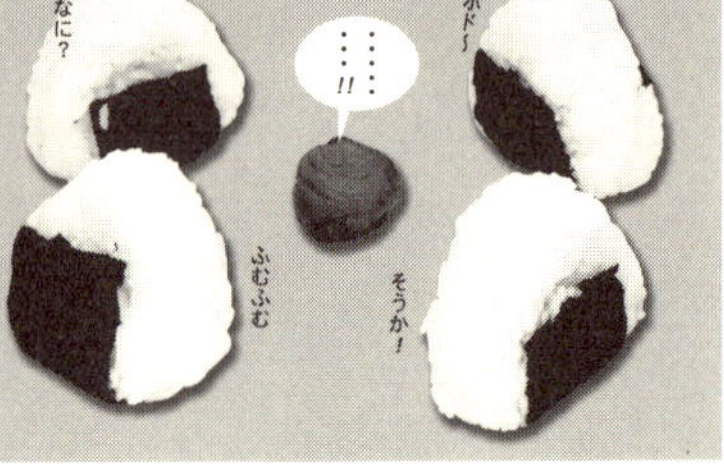

御幸町図書館は、ビジネス支援図書館、多言語サービスの図書館として、全国的に注目を集めています。

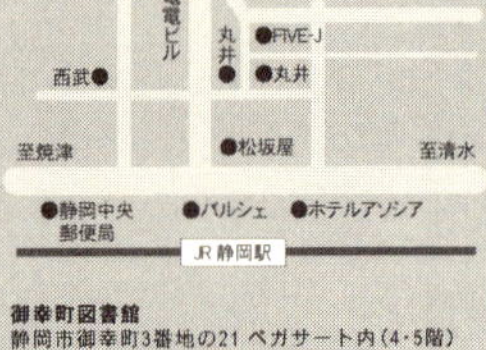

御幸町図書館
静岡市御幸町3番地の21 ペガサート内（4・5階）
TEL 054-251-1868　FAX 054-251-9217

【アクセス】
静鉄電車・バス「新静岡」下車。
自家用車で来館の方にはペガサートの駐車場（有料）をご利用いただけます。

チャンスを創る チャンスを結ぶ オムスビスト主催

金曜くるま座夜学

おもちゃの開発と老人のリハビリが同時に解決できないか!? お米の新しい売り方ってゲームの販売戦略を応用できないか!? 町内会とデザイン会社が組んで新しい商品が創れないか!? いろんな人が出会う図書館の夜学には、きっとヒントがいっぱいあります。

■スケジュールと講師のご案内

■2004年10月29日(金) Pm8:00〜Pm10:00 (静岡市立御幸町図書館内５階ボランティア室)

まちを変える情報の往来　コミュニティビジネスと図書館の可能性をさぐる

田中 孝治 (たなか こうじ)

(社)静岡政経研究会地域・産業研究所常務理事所長他、多数の職務に就く。全国街道交流会議代表幹事、伊豆新世紀創造祭、東海道４００年祭など、多くの企画・運営に参画。静岡地域学会の設立を提唱、運営を手がける。

■2004年11月26日(金) Pm8:00〜Pm10:00 (静岡市立御幸町図書館内５階ボランティア室)

ひとかけらの情報がビジネスに変わる瞬間　はたしてその現場に図書館は立ち会えるのか

佐野 つとむ (さの つとむ)

1963年に発足した静岡県社会人体育文化協会(体文協)の事務局長。同協会が主催するユニークな講師を集める「社会人大学」は好評である。また、食文化への造詣の深さにも定評がある。著書に「手仕事-味と腕-」「ランチ大研究」などがある。

■2004年12月21日(火) Pm8:00〜Pm10:00 (静岡市立御幸町図書館内５階ボランティア室)

情報資源の鉱脈を掘る　書庫に眠るビジネスチャンス

鈴木 大治 (すずき だいじ)

二十世紀には前衛的な演劇と音楽の活動を通じて、国際的なアンダーグラウンドネットワークを探査。新世紀は一転して超懐古的な「あべの古書店」店主となる。情報と情報、事象と事象を偶発的に衝突させる「因縁力」を提唱している。

■2005年1月28日(金) Pm8:00〜Pm10:00 (静岡市立御幸町図書館内５階ボランティア室)

本当に欲しい情報は活字になっていない　変わりゆく放送業界 放送と図書館の連携は可能か

山本 哲也 (やまもと てつや)

広島のお寺で浪人生活を送り、中央大学を経てNHK入局。佐賀、大津、高知、広島、東京の各局を経て静岡局へ。現・アナウンス担当部長。東京本局時代、「おはよう日本」のスポーツキャスター、「ひるどき日本列島」のキャスターを務め、全国を巡る。

■2005年2月25日(金) Pm8:00〜Pm10:00 (静岡市立御幸町図書館内５階ボランティア室)

高校教師・チャレンジショップ立ち上げ物語　地域の若いパワーと図書館のネットワークを考える

若園 耕平 (わかぞの こうへい)

富士市立吉原商業高校教諭。前任地の県立静岡商業高校で文化祭にデパート経営を実施。商品を手にした生徒の感動、販売の躍動ぶりからチャレンジショップ経営を思い立つ。2004年7月、吉原商店街に部活動としてチャレンジショップをオープン。

■2005年3月11日(金) Pm8:00〜Pm10:00 (静岡市立御幸町図書館内５階ボランティア室)

関係性の時代というスコープで見る　新たなコミュニケーションの場としての図書館

佐藤 芳文 (さとう よしふみ)

元・株式会社資生堂 制作プロデュース部長。資生堂において多くの新製品の立ち上げと、ブランディングを手掛けるほか、企業文化発信施設「HOUSE OF SHISEIDO」のプロデュースを担当。2004年6月に独立し、個人事務所を東京銀座に開設。

■お問合せ・お申込み：ファクシミリかe-mailでお申込み下さい。
ファクシミリ：054-277-1447　e-mail：atom@quartz.ocn.ne.jp

(金曜くるま座夜学)

お名前：

住　所：(〒　　－　　)

電　話：　　　　　　　　ファクシミリ：

e-mail：

師陣たちの多くが新聞や雑誌、ネットで情報を仕入れているのだと思いこんでいた。だがキーパーソンたちは友人との雑談や地域の人々とのふれあい、ふらりと立ち寄ったお店で気づいたことなどをビジネス・チャンスに結びつけていた。

会場ではこれらの意見をもとに参加者が意見交換し、毎回図書館側からも司書に参加してもらい、その場で意見の実現可能性なども検討した。これらの問題を解消するために、地域に埋もれている人材や技術を掘り起こしてデータベース化ができないかなどの議論が交わされた。

また、図書館の本には書き込みできないという話にも、書き込んでもよい本のコーナーをつくったらどうかとか、本屋さんの方が刺激的だという意見には、もっと本の表紙を見せるフェイス・ディスプレイやPOPなども使ってPRしたらどうかというアイデアも飛び出した。さらに、リクエストが多い本ではなく、司書おすすめ本をもっと積極的にPRしてもよいのでは、という意見には、朝・昼・夜の三回ぐらいは館内放送で紹介してもよいのではないかといった意見も出た。他にも、その時点で借りられて館内にない本は、この図書館に蔵書として存在していることだけは、レンタル・ビデオショップ方式のように表示する方法が活かせるのではないかといった発想には舌を巻いた。

総じて「金曜くるま座夜学」はこの他さまざまなアイデアが出て、多くの収穫を得た講座だったと自負している。また参加者から自分たちの知り合いを講師候補として紹介するので、ぜひ今後も続けてほしいという、うれしい言葉もいただいた。

一方、全五回の「オムスビスト養成講座」（二〇〇四年一〇月一二日～一一月二四日の間で実施）では、講師としてNPOや諸団体を〈道〉というキーワードでまとめあげるまちづくりの住環境デザイナー。今や二〇〇万人を超える動員数を誇る『大道芸ワールドカップin静岡』のプロデューサー。情報編集の達人として図書館からも司書にご登場いただいた。また、企画・運営メンバーもミニコーナーを設けて「ちょこっと講師」をするなど、多角的に情報編集術を学ぶ場をつくっていった。

もう一つの工夫は、この講座では講師から学んだことを意識しながら、四～五名の参加者がグループとなってテーマを決め、最終的にプレゼンテーションをしていただいたことである。プランニングの条件として、自分たちの企画に図書館の機能を絡めて提案することをお願いした。具体的にいえば以下の通りである。「図書館と皆様が組んで何ができるか。あるいは図書館が皆様の企画をどのように利用できるか。発想は自由です。単に自分たちの企画の成果を図書館に所蔵する、といったものではなく、その先の可能性を探ってみてください」という、ある意味で足かせ付きのプランニングをお願いした。よいアイデアはある程度足かせがあった方が出るものである。何でもいいから考えて、といったとたんに脳はフリーズする。ルールなんかありません、自由です。そういうアイデア会議からはいい案が生まれたためしがない。たと

～ チャンスを創る チャンスを結ぶ 情報編集の達人 ～

オムスビスト養成講座　募集中

この講座を学んで、オムスビストとして一緒に活動しませんか。オムスビストは現在、2004年秋オープンの静岡市立御幸町図書館で「金曜くるま座夜学」を企画、運営しています。また今後も様々な企画を立ち上げます。是非あなたもご参加ください。

オムスビスト？

情報があふれる時代。
その情報の海に漕ぎ出す情報編集の達人オムスビスト。
オムスビストとは、情報と情報を結んで、
新しい可能性を紡ぎ出す今の時代に最も必要とされる存在。
パソコンができたって、ただ顔が広くたって、
それは情報の達人とは言えない。
さあ、情報と情報を結んで、時代の花を咲かせましょう。
あなたも情報の達人オムスビストに!!

♪結んで～　開いて～　手をうって　結んで～

Seize a chance!　Connect the chance!

学びの舞台は2004年秋オープンの静岡市立御幸町図書館。書棚の間で丸くなって話しましょう。

● 御幸町図書館は、ビジネス支援図書館、多言語サービスの図書館として、全国的に注目を集めています。

○主　催 ： 「チャンスを創る チャンスを結ぶ オムスビスト」
※オムスビストは、静岡市まちづくりの学校コラボの卒業生が立ち上げた組織です。

○共　催 ： 静岡市教育委員会（主管：中央図書館）

○日　時 ： 2004年10月12日～2005年11月24日　全5回　各回午後8時から10時

○会　場 ： 静岡市立御幸町図書館内５階ボランティア室

○募　集 ： 20名（定員になり次第、締め切らせていただきます。）

○参加費 ： 全5回通券3000円 ※中途での参加費はご返金できません。何回目から参加して頂いても料金は同じです。料金は初回ご参会時に会場にてお支払い下さい。

＊講座のご案内・お申込み方法は、裏面をご覧下さい

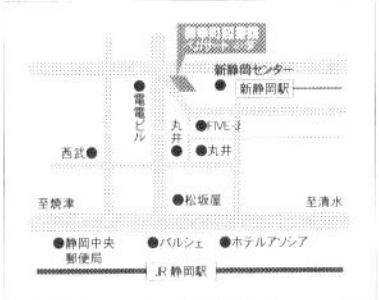

【アクセス】
静鉄電車・バス「新静岡」下車。
自家用車で来館の方にはペガサートの駐車場（有料）をご利用いただけます。

チャンスを創る チャンスを結ぶ 情報編集の達人

オムスビスト養成講座

車とマッサージ器、お米とペットボトル、廃校とまちづくり学校。何かと何かを結ぶことで、新しい情報やサービスが生まれないか？オムスビストはそう考えます。

■スケジュールと講座のご案内

第1回　10月12日（火）午後8時から10時　会場：静岡市立御幸町図書館内５階ボランティア室

▶ **情報の達人 オムスビストとは何か**　講師：平野雅彦（オムスビスト代表・御幸町図書館基本構想策定委員・静岡市図書館協議会委員）

第2回　10月26日（火）午後8時から10時　会場：静岡市立御幸町図書館内５階ボランティア室

▶ **生きた情報はどこにあるのか ①**　講師：高木敦子（(有)アムズ環境デザイン研究所代表・NPO法人地域づくりサポートネット副代表理事）

第3回　11月 9日（火）午後8時から10時　会場：静岡市立御幸町図書館内５階ボランティア室

▶ **生きた情報はどこにあるのか ②**　講師：田中　朗（静岡市役所職員・大道芸ワールドカップin静岡プロデューサー）

第4回　11月16日（火）午後8時から10時　会場：静岡市立御幸町図書館内５階ボランティア室

▶ **生きた情報を編集する達人術**　講師：豊田高広（静岡市役所職員・御幸町図書館司書）

第5回　11月24日（水）午後8時から10時　会場：静岡市立御幸町図書館内５階ボランティア室

▶ **情報エクササイズと情報編集術**　講師：オムスビスト（河辺麻衣子・北川光雄・小山秀紀・徳差和則・村上美和・山田圭子）

■ゲスト講師のご紹介

高木敦子

静岡市在住
有限会社アムズ環境デザイン研究所代表、NPO法人地域づくりサポートネット副代表理事を勤める。公園などの整備や地域計画、商店街の活性化計画、市町村合併、人材育成など、県内の環境デザイン、まちづくりの実績をもつ。

田中　朗

1984年静岡市役所入庁。教育委員会社会教育課での文化財管理、広報課での広報紙・TV・ラジオ番組の企画制作を経て、現在市民生活課NPO・ボランティア担当に従事。1992年第1回大道芸ワールドカップin静岡に運営ボランティアとして参加。現在プロデューサーとして企画・運営にたずさわる。

豊田高広

1981年静岡市役所入庁。芹澤美術館、社会教育課、中央公民館を経て、1994年に中央図書館に配属。翌年、司書資格を取得。静岡市立御幸町図書館の開設準備には最初から携わり、2004年9月の開館に伴い、同館のビジネス支援サービス及び、多言語サービスを担当。

■お問合せ・お申込み：ファクシミリかe-mailでお申込み下さい。
ファクシミリ：054-277-1447　e-mail：atom@quartz.ocn.ne.jp

（オムスビスト養成講座）

お名前：

住　所：（〒　　－　　）

電　話：　　　　ファクシミリ：

e-mail：

えば、私のフィールドである広告の世界でも、広告主のわがままな注文という足かせがあるからこそ、アートや芸術と肩を並べる表現手段や成果が数えきれないほど生まれている。

5　「読書ないす」の提案

プレゼンテーションでは、六つのグループから多様なアイデアが出た。「日本平動物園の新しいサービスと図書館の可能性」「雛のまち静岡巡回バスの旅と図書館の新たなる関係」「草薙地区の新コミュニティづくりと図書館との関係」「人の能力・知識をデータベース化する新型図書館」である。

なかでもユニークだったのは、読書をするための新しい椅子の提案である。その名も「読書ないす」。そこには「読書する椅子」と「ナイスな椅子（ある意味、それによってもたらされるナイスな時間の意味）」の二重の意味が込められていて、それは本格的な図面まで付いた玄人はだしのプレゼンテーションであった。

そのアイデアの中身はこういうもの。静岡の地域材を使い、読書のための椅子を地元の家具デザイナーや家具屋さんと組んでデザインし、プロットタイプの段階で静岡の各図書館に一定期間設置する。来館者には、実際にその椅子に腰掛け読書をしてもらい、もっとこうだったら使いやすい。こんな機能がほしいといった改善アイデアを求めて完成品に近づけ、それを最終的に静岡市の図書館が全国販売するというアイデアである。

この舞台となった御幸町図書館（四階・五階）の入っているペガサート・ビルには、中小企業や起業家のための相談に乗ってくれる専門のスタッフが常駐する産学交流センター（六階・七階）がある。そこにはビジネスを推進するための交流スペースが用意され、経験豊富な専属のスタッフが幅広く相談にも乗ってくれる。もともとこの産学交流センターと図書館のタイアップ・サービスが御幸町図書館の売りでもあった。そこでこのチームはその利点を活かし、相談に出かけたりしながら実施へ向けて調整を繰り返した。

実際には資本金と初期投資の問題で実現には至らなかったが、なかなかおもしろい成果が出た。実際の成果物ができなくても、たとえば「シミュレーションで学ぶ　読書ないすのアイデアと製造・販売」というタイトルで講座が開けないかということもこの時点で検討した。椅子の製造・販売を行なうというビジネスでは、アイデアから始まり、ドローイング、デザイン、プロットタイプ、権利の問題、販売ルートづくり、ネーミング、広告、メンテナンス、保険など多くの課題をクリアしなければならない。それを図書館という舞台で、資料をふんだんに使いこなしながら、また産学交流センターとのタイアップという強みを活かしながら、講座ができたらこれはまた違う成果が出るだろう。今後の課題としたい。

オムスビスト養成講座　実施報告①

オムスビスト。それはチャンスを創る　チャンスを結ぶ　情報編集の達人。
出会いを大切にし、その場に持ち込まれた情報を使って企画を立ち上げる。

◆目　　的　：オムスビストの養成と、ビジネス支援図書館をベースにした企画立案
◆開　　催　：2004.10.12～11.24　全５回コース
◆参加人数　：34名

@御幸町図書館が閉館になった午後８時からスタート。
@毎回一時間はゲストのお話。もう一時間はグループワーク。
@グループワークではゲストの話を参考に企画を詰める。

ゲスト＊高木敦子（アムズ環境デザイン研究所代表・NPO法人地域づくりサポートネット副代表）
＊田中　朗（静岡市役所職員・大道芸ワールドカップin静岡プロデューサー）
＊豊田高広（静岡市役所職員・御幸町図書館司書）　ほか

@企画立案時の条件は、ただひとつ。「図書館を絡めて企画すること」。

【愉快な企画が勢揃い】

日本平の動物園の新使い方と新サービス、雛のまち静岡巡回バスの提案、草薙地区の新コミュニティ提案、人の能力・知識のデータベース化における図書館の新しいサービスづくりなどとバリエーションもさまざま。

オムスピスト養成講座　実施報告②

オムスピスト。それはチャンスを創る　チャンスを結ぶ　情報編集の達人。
出会いを大切にし、その場に持ち込まれた情報を使って企画を立ち上げる。

発表例 ▼本を読むための専用の椅子が欲しい！

→ その名も「読書ないす」（読書な椅子＆読書ナイスのダブルミーニング）

→ 「読書ないす」実現可能性、今後の可能性

@「読書ないす」という商品づくりの工程を講座化。

デザイン、プロットタイプ整作、意匠登録、販売、広告などの一連を講座化し、物のできるまでを学ぶ。→さまざまな物作りに応用可能

@「読書ないす」買って下さい！！

たとえば家具組合のメンバー、家具デザイナー、広告会社に呼びかけ、オムスピストによるプレゼンテーションを実施。夢を実現してくださる会社と共同企画に。

6　静岡大学での新しい試み

二〇〇四年一〇月から、あるご縁がもとで国立大学法人静岡大学の人文学部で授業を担当することになった。依頼者の助教授の話を要約すると「人文学部の学生は社会との接点がきわめて少ない。理学部や工学部は、産学連携が具体的なかたちで進行することが多く、商品開発など、目に見える成果を上げている。だが人文学部ではなかなかそういった成果が見えにくい。なにかよいアイデアはないものだろうか」という相談だった。

実を言うと、私は理学部化学科出身だが、大学卒業後は企業のキャンペーンを立案したり、コマーシャルの制作をしたり、図書館や博物館の立ち上げに関する核となるコンセプトワークを構築するという、専門分野で学んだこととは懸け離れたことを生業としている。だがその発想の源となるのは、理学部で学んだことと人文系の知識や方法や文脈など、どちらかが優先しているということではない。要は企画とは総合力である。特に私が提唱している方法論「情報意匠」という考え方は、歴史の中の現象や時代を創ってきた人物に注目し、その中から「方法」を導き出し、現代の諸問題にそれらを重ね合わせて問題解決をしていこうというものである。

このように書くとやや難解に聞こえるかもしれないが、具体的な例を挙げればこういうことである。たとえば、静岡ゆかりの徳川家康は、紅葉山文庫（前身は富士見亭文庫）をつくったことでも有名だが、もしもその家康が、現代の図書館の配架配列を考えたらどうなるか、と考えてみる。他にも駿府のまちで生まれ、『東海道中膝栗毛』で有名な十返舎一九が現代によみがえったら、どんな形態の出版ビジネスを興し、どのようなラインナップの本を出版するのかを検討する。そのように発想していくと、江戸の図書館や出版ビジネスのことも調べ、現代のそれと比較検討しなければならない。おもしろいのはここで、その両方の視点をもって問題にあたると、現代と過去にブリッジが架かってくる。

その方法を使った大学の授業、情報意匠論で行なったのは、現在課題を抱えた企業や施設の担当者に教室まで出向いていただき、仮想ではなく実際に現場で悩んでいる問題を課題として、学生と一緒に考えていこうというものである。協力を仰いだのが、御幸町図書館の基本構想等策定委員会の事務局において中心的な役割を果たした豊田高広さん（現在同館館長）。学生と一緒に考えたのは、「図書館を、有効な就職活動のツール（メディア）として使いこなす方法。その舞台としての御幸町図書館」という課題だった。学生たちがプレゼンテーションしてくれた案は、プロの目からすれば細部の詰めが甘く、予算や経費からもかけ離れているものだった。だがそこから派生した新しいアイデアが実際に動き出すことになる。それが「天晴れ門前塾」である。

そもそもこの「天晴れ門前塾」は、静岡大学の情報意匠論を受講した学生たちが母体となって組織した会である。情報意匠論を学んだ学生たちは、まず社会で活躍しているキーパーソンの中から、これぞ、と思う人物を六名選び出した。そして、キーパーソンに講師依頼をし、彼らのもとで約一〇名ずつの学生がテーマを決めて学外に互いに学びあうためのゼミをつくりあげた。テーマも各組さまざまで「駿府城下町の人脈・町脈を吸収――ひとまわり大きな自分になろう」「大人ってなんだ?」「静岡を知り、〈き〉を育て、〈もり〉になろう」「挑戦――リーダーの心得」「仕事の楽しさ!〈私ができるサービス?〉」「戦争について知ろう」。魅力的なタイトルが並ぶ。実際、多くの社会人からも、会に受講者として参加したいが可能か、という問い合わせがいくつもあった(意図的に現役学生に限るというルールを設けていた)。

また、おもしろい現象だったのが、社会人から「先生をやりたい」という申し出があったことだ。私も企業や公の施設から講師の依頼を受けることが多いが、そこでわかることは、人の話を聞きたいということと同じぐらい、自分の経験談や知識を人に話したいという要求が多いことである。ここで学生たちに注意を促していることは、決して知り合いのレベルで講師を選んではいけないということ。これをやりだすと、天晴れ門前塾の魅力は間違いなく半減する。自分たちの目できちんと講師を選びぬき、頭を下げてお願いしたくなるような人物を選ぶべきなのだ。

ネーミングの意図は、「門前の小僧習わぬ経を読む」からヒントを得た。一流の仕事をしている人物のそばに一定期間付いているだけで、学生たちは見様見真似で多くのことを学ぶ。まずは、企画運営を推進する組織を「天晴れ門前塾運営一座」と称し、それぞれのチームを「組」と呼び、キーパーソンを「組長」、学生には「学徒」という呼称を与えた。準備期間は正味四ヵ月。時間はないが、学生たちは時間を区切ることでかえって力を発揮する。間近で学生たちの取り組みを見ているなかで、敢えて無理なスケジュールを彼らに呈示した。案の定、彼らはその無理難題を見事にクリアして、二〇〇五年の秋から天晴れ門前塾を始動させてくれた。

この天晴れ門前塾は、始動した時点ではあくまでも静岡大学の学生が運営のすべてを担っていた。だが、準備が進行するにつれ、一つの学校という枠を超えて、企画や運営に参画していくという動きが見られた。地元の他大学や短大、デザイン専門学校の学生たちの多くがこの会に参加してくれた。そうやって理想の運営組織が自然発生的に形を整えていった。これもまた利害関係のない学生たちだったからこそ可能だったのだろう。もちろん天晴れ門前塾以外も学生主体で動いている会は多い。だがこれらの会が、往々にしてこぢんまりと見えてしまうのは、普段の顔見知りやクラブの仲間が新しい会にそのままスライドしただけの場合が多く、そこでは馴れ合いだけで会が運営され、ルールも曖昧で、いざというときの危機管理が何もできていないからである。したがって人間関係で問題が発生しやすく、それだけで会が崩壊してしまう。

こういう会は学生団体に限らず、社会の中でもいくらでも見てきた。それを事前に避けたかったし、もともと優秀な他の大学生や専修学校の学生の力を借りたかった。学生たちも仲間が仲間を呼んでくれ、天晴れ門前塾全体が大きな広がりを見せた。

その結果、いくつもの気づきと収穫を得た。中でも最大の気づきは、キーパーソンたちは意外と自分たちの成果（成功、失敗とにかかわらず）を発表、伝授する場と相手が少なかったこと。そこに利害関係のない学生たちが教えを請うわけだから、自分たちの体験談と方法論と人脈を惜しげもなく披露することになった。また学びの会場も図書館を中心に、高級料亭やジャズクラブとさまざまで、先進他都市への見学ツアーなど、内容も各組バラエティに富み、盛りだくさんの成果を得た。学生たちが欣喜雀躍するのも無理はない。

天晴れ門前塾では、約半年間かけて学んだ成果を、図書館をベースキャンプにしながら発表・利用できる仕組みはないかと現在検討中である。学生運営メンバー（天晴れ門前塾運営一座）の何人かと話したところ、「御幸町図書館を舞台にキーパーソン（組長）たちの連続講座をやったらどうか」「今回の成果物を図書館でも使えるようにデータベース化したらどうか」というアイデアが出た。だが、それらに現在NGを出している。そんな単純なだれもが考えるようなアイデアではダメである。それが御幸町図書館という舞台に関わった宿命ともいえる。とはいっても、学生をただ放り投げてしまうつもりもない。そのために私自身はいくつかのアイデアを懐に忍ばせている。キーワードは「ざんまい」と「東山文化」と「鶴の恩返し」。この三つのキーワードには御幸町図書館と静岡大学（特に人文学部）と他大学や専修学校の学生、そしてキーパーソンたちが協働して世界とつながっていく新しいモデルが隠されている。

今の学生の潜在能力はすばらしい。ただし、自分の学生時代を振り返ってみても同じだが、大学の勉強は大学の勉強、社会のことは社会のことと切り離して考えてしまうクセがある。特に人文学部の学生たちは、自分たちの学んでいることが在学中から社会に生かせるなどと夢にも思っていない。大学という場は知の宝庫である。だが、そこに情報だけがあっても社会や時代は動かない。知の集積があり、それが自由に使えることが大前提となる。

繰り返しになるがそれが情報編集力であり、その方法が情報意匠だ。ときどき、知識は邪魔になる。知識など持たない方がいいなどと、まことしやかに発言する輩と出会うことがある。そういう人物の特徴は、あらゆる諸問題の根元を宇宙の根元原理にあずけて議論を放棄してしまうことだ。何をいっても「それは宇宙の法則です」という。そして、学ぶことをどこかで放棄している。いや、怠けることの言い訳にしている。だが間違いなく情報は多くあっていい。大切なのは情報を整理・編集し、それらを使う方法である。図書館というメディアと関わることで、そんなことも感じている。

今の学生はすばらしい可能性を秘めている。ただ、もったいないのは自分の能力を能力として自覚していないということだ。そこで大切になってくるのは、方法論とそれを実現する場の提供である。御幸町図書館が必ずその舞台となる。図書館とはそういった場であり、装置そのものなのである。

第七章　人材を確保し、育てる

竹内　比呂也

1　図書館員に関する議論の前提

本章では、公共図書館員の専門性や今日求められるスキルについて述べる。本書の冒頭から第五章にいたる御幸町図書館の実践の記述の中で、職員に何が求められ、どのように研修が実施されたかは随所に描かれているので、本章はそれらを踏まえながらやや客観的な立場で論じることにする。

図書館サービスを支えているのは図書館員であることは言うまでもない。これは単なる「図書館の職員」ではなく、「図書館員」という名称で呼ばれる専門的な職員である。それでは、専門的な職員である図書館員の仕事とはなにか。今日、図書館員にはどのような能力、技能が求められるのだろうか。図書館員の専門性についての議論はこれまでにもさまざまなものがある。しかし、何を図書館員の専門性と呼ぶかということについて広く理解されているかということ、それは十分ではないように思われる。特にこの問題は、図書館界内部で理解されていればよいという問題ではない。医者や看護士といった医療に関連する専門職について、それがどのようなもので、その専門職についている人たちがどのような知識、技能を身につけているかをわれわれはある程度知っているが、図書館員について、一般市民の人たちはどのように認識をしているだろうか。

図書館の利用者など、図書館業務とは直接関わりのない人々が持つ図書館員のイメージの多くは、カウンターに座っている図書館員の姿によって形成される。そこで目につきやすい仕事は、利用者がカウンターに運んでくる図書のバーコードを読み込んで、貸出／返却のコンピュータの操作をすることである。これ自体は専門的な仕事でもなんでもない。かつてはこのレベルの仕事であっても「図書館員」として雇用されている人がしていれば、なんでも専門的な業務とするといった誤った主張が見られた。

もちろんカウンター業務全体を見た場合に、それがすべて非専門的職務であるなどと主張するのは間違いである。利用者と接することにより、図書館員はさまざまな専門的判断の役に立つ情報を得るのであり、利用者と接しない図書館員が専門的判断を的確に行なうことができるとは思わない。それは大学の医学部に在籍する研究者が、研究活動を行なうと同時に医師として臨床に出るのと似た性格を持っているものである。

しかし図書館の場合には、医師とはちがって免許がなくても図書館のカウンターに立つことはできるし、貸出作業そのものは「門前の小僧」よりも簡単にマスターできる。それをマスターして作業を行なうことが図書館員の仕事と理解したいわゆる一般事務系の職員が、「図書館員は日頃から専門性を口にしているにもかかわらず、自分にもできる程度の仕事しかしていないではないか」と思ってしまったというようなことはなかっただろうか。そして、それを十二分に打ち消すだけの専門的な業務内容を図書館員自らが示すことができなかったということはないだろうか。

かつては専門職制度を持ち、司書を採用するための専門試験を実施していた自治体の多くが今日それを取りやめてしまったという事実は、結局その制度で採用された人々が制度を作った側の期待に沿うだけの仕事をしていない、と判断されたということであると言わざるをえない。その一方で、専門職採用を復活させた自治体があるのも事実であるし、公共図書館における指定管理者制度の導入や派遣、委託においても、スタッフには資格保有者を求めているケースが多く、専門的知識そのものやそれを持つ専門職が完全に否定されているわけではない。

図書館員の専門性あるいは専門的能力についてのおそらく一番よく知られている説明は、多くの『図書館概論』の教科書においても言及されているように、「利用者を知ること」「資料を知ること」「利用者と資料を結びつけること」である。確かに、これは専門職としての図書館員にとって不可欠なことであり、図書館に関わったものにとっては理解しやすいものである。しかし、図書館が社会的な機関であること、とりわけ公立図書館が地方自治体によって提供されるサービスの一部であり、行政組織内の諸機関との関連の中に位置づけられるものであること、またさまざまな機関との相互連携がなければ今日の図書館は立ちゆかないことを考えると、これまでにさまざまな論者によって指摘されているように、まずは「地方公共団体の職員であること」と規定することも必要かもしれない。しかし今日の公共図書館サービスの現場では、いわゆる正規職員だけが図書館サービスにたずさわるわけではなくなっているので、それだけで説明ができるわけではない。

図書館員がその真価を発揮するには、それを設置する親組織との関わりにおいて、あるいは社会との関わりにおいて図書館員がどのような形で専門性を発揮しうるかを、図書館とは関わりのない人々に対してわかりやすく説明する責任を回避するわけにはいかない。ある大学図書館関係者は、大学図書館員の専門性について以下のように述べている。

（1）大学図書館の親機関である大学のミッションを理解し、それを図書館サービスの中でどのように実現しうるかを考え、企画できること
（2）図書館の機能を理解して、サービスを効率的に運用できること

この大学図書館関係者は、両者を区別しないまま図書館員の専門性について検討することは妥当でないといい、正規職員は（1）の仕事に専従して、（2）については、クオリティの高い人材を獲得するためにあえて委託によってまかなうべきであると主張している（平岡健次「江戸川大学の図書館全面業務委託この一年」『大学図書館研究』七五号、二〇〇五年）。このような委託に関する主張の是非は、その図書館がおかれている環境にも依存する問題であり、一般的に論じても形式的な議論以上のものは期待できないのでここではこれ以上触れないが、この区分は図書館に関わる専門職の仕事についての論点をかなり的確に示しているものと考える。

当面、（1）、（2）のいずれかに重点を置くかという違いはあるものの、いずれかの能力を備えた人材が大学図書館にとって不可欠であるということである。この場合に重要なのは、ある一人の職員が両方の能力を持つ必要があるということではなく、組織として集合的にどのような知識やスキルを備えればよいのかという認識や議論である。このような考え方は、近年アメリカの大学図書館にみられる機能専門家の台頭とも相通ずるものである（早瀬均「図書館員の

大量退職に潜む構造的変化――米国における図書館員不足の状況」『カレントアウェアネス』二八七号、二〇〇六年)。

公共図書館でもおそらく同じことが言えるだろう。公共(立)図書館の場合には、設置者である地方自治体のミッションを理解し、それを図書館サービスの中でどのように実現するかを考え、企画できることと読み替えればよい。このような人材を(1)として位置づけるのであれば、(1)のような仕事ができる人材をどのように育成していくのか、さらに(2)のような人材をどのように確保するのか、という問題に収斂していく。

今日、指定管理者制度の導入に関連して図書館員の専門性についての議論もなされているが、その多くは(2)に限定されてきたのではないだろうか。またこれまでの図書館員自身による専門性の議論も、(2)に限定してきてしまったのではないだろうか。自らの専門性を上記の(2)に限定して論じることは図書館員の専門性を高めるという点においてプラスにはならないだろう。なぜなら、前述のような図書館員の職務に対する「誤解」はすでに広まってしまっており、内向きの専門性の議論はその誤解の土俵の上での議論にしかならないからである。その誤解を解くのは生半可なことではできない。

2　御幸町図書館での議論

御幸町図書館を構想していく段階においても、専門職としての図書館員を確保する必要性に関する議論と、図書館員が身につけているべきスキルに関する議論があった。振り返って考えてみれば、その議論においても、スコープは前述の（2）に限定されてしまっており、先にふれた大学図書館関係者の言及にあるような専門職能力の分化について明確に意識していたわけではなかった。その大きな理由の一つは、新しい御幸町図書館においては（1）の機能を担うことができる図書館員がすでに存在したからである。御幸町図書館はある意味で最初からその成功が半ば約束されていたと言ってもいいかもしれない。なぜなら、（1）において言及されている「企画する力」などというのはこれまでの大学教育や短期的な研修などで養うことができるようなものではないからである。

このような力を身につけるには実際にさまざまな企画をする経験が重要である。漫然とルーチン化した図書館の日常業務をこなしているだけではけっして身につかないことは私自身の図書館現場での経験から容易に想像できる。現在、地方自治体における公務員制度の枠内での職員のキャリアパス形成において、またとりわけ図書館員のキャリアパス形成において、このような企画する能力を身につけさせるような配慮がなされているのであろうか。異動の実態からは専門的な経験に対する一定程度の配慮がなされていることは推測できるものの、もし専門的な経験がルーチン化した業務の経験のみに限定されているとしたら、そこには大きな問題が潜んでいると言わざるをえない。

また、網羅的な調査と分析をしたわけではないので断言はできないが、各図書館や図書館関連団体が主催する研修プログラムをみても、上記の（2）を対象としているものは見られるが、（1）を啓発するような内容のものはほぼ皆無といえる。また、図書館員としての専門的な経験や知識への配慮が人事面で制度化され、より高度な専門的な教育を受けた人材にとってより魅力的な仕事になっているか、というと必ずしもそうなってはいない。

従来の議論で対象としてきた（2）についても、今日その内容が大きく変化していることにも留意しなければならない。図書館のテクニカルサービス／パブリックサービスにおいて求められる技能は、変わったというよりも拡張していると言うべきであるし、図書館に対する住民の期待を満たすことをめざすのであれば拡張は不可避である。その際問題になるのは「どこまでが図書館の仕事か」ということになるが、これは可能な限りこれを広くとらえるべきであり、拡張を否定して自らの手を縛るようなことはすべきではない。

3　御幸町図書館に求められる人材とその確保

御幸町図書館において、ビジネス支援と多言語サービスがサービスの大きな柱となっていることはすでに述べたとおりである。ビジネス支援については、菅谷明子氏（「進化するニューヨーク公共図書館」『中央公論』一九九九年八月号）によってニューヨーク公共図書館を構成する研究図書館のひとつである科学・産業・ビジネス図書館（ＳＩＢＬ）の状況がわが国に紹介されて以来、わが国の公共図書館界の大きな話題となってきたのは周知の通りである。正確には、図書館界だけではなく、バブル崩壊後の日本経済の行き詰まりの中で、特に起業家支援や地場産業振興といった観点から図書館を活かすという動きが生じたこともあり、ジャーナリズム的な脚光を浴びることになったと言うべきであろう。

このようなサービスを実現するための最大の隘路はサービスを提供するための人材であることを基本構想等策定委員会の委員全員が認識していたと思う。基本構想等策定委員会のだれもが専門職としての図書館員の必要性について異論をはさまなかった。その背景には、委員の多くが利用者として長らく図書館に接し、仕事の上でも図書館のレファレンス・サービスの恩恵を受け、これまでの彼らのサービスに満足していたことがある。しかし同時に、「質問をするときは、カウンターに誰が座っているかを見てからにする」という趣旨の発言をしていた委員がいたのも事実であり、このことは、図書館サービスの提供態勢が、組織的に保証されたものではなかったことを示していたということであろう。

また、人材をめぐる議論において私は御幸町図書館の職員にとって必要なスキルは「司書＋α」であると発言している。ただしその時点で「＋α」と考えた部分は、従来の公共図書館員は弱いと考えられていた情報技術を活用した情報サービスを実践する能力であった。もう少し具体的にいうなら、サーチャーと呼ばれる人たちが持っているようなコミュニケーション能力、分析能力、情報検索能力であった。専門職として＋αの能力を有する司書の必要性についてはコンセンサスが得られた。しかし新規にそのような人材を確保する方策について、基本構想等策定委員会に出席していた図書館長に専門職採用の実現に向けた努力をしていただくようお願いしたが、実現に向けた具体的な展望があったわけではなかった。今日でも何らかの進展があったとは言いがたい状況である。

進化する図書館、ネット時代の情報交差点、地域振興の拠点といった観点でビジネス支援を紹介している新聞記事では、「米国で活躍する図書館専門職のように高度な利用者ニーズに応えられる図書館員の育成が課題」であると記されている（『日本経済新聞』二〇〇六年一月三〇日付）。よく知られているように、米国での専門職としての図書館員養成は、専門職団体（アメリカ図書館協会）によって認定されたカリキュラムにそって専門職大学院によってなされている。

一方、わが国の場合、公共図書館における専門的職務に従事する職員として図書館法に規定される「司書」という専門職があるが、二〇単位の講習を受けることで取得することができる資格であり、認定のための国家試験がある訳ではない。また実習も必修とはなっていない。博物館の専門職である学芸員の制度も資格に必要な単位数という点では司書以上に貧弱ではあるが、彼らの多くは、美術館なら美術史、自然博物館なら人類学などの専門的な教育を受け、その道の専門家であることが強く求められるケースが多く、司書とはその点で大きく異なっている。これまで司書に対して司書資格以外の主題的な専門性を持っていることを求められることは特殊コレクションを扱うような事例を除くとまずなかったと言っていいだろう。これは、主題という観点から見た場合により専門性が高い情報を扱う大学図書館においても同様であった。

しかし、ビジネス支援にしろ、その他の主題別サービスにしろ「高度な利用者ニーズ」に応えるために、主題についての高度な知識を求められるケースが見られるようになってきており、しかもこのことがサービスの成否を決する重要な要因であるようにも思われる。御幸町図書館における利用者アンケート結果においても、ビジネス支援を期待して来館したと思われる利用者によって「サービスに不満がある」と回答された例があるが、高い期待を持たせれば持たせるほど失望したときの反動が大きくなる可能性がますます高くなるというジレンマがある。その意味においては、本書の第四章でも言及している『新版　図書館の発見』における前川恒雄氏の指摘は正しいのである（前川恒雄・石井敦、日本放送出版協会、二三七頁、二〇〇六年）。

　御幸町図書館がとった方策は、第二章で述べたように関連機関と連携すること、そして短期的に外部の人材を導入してサービスを開始するのと並行して現有の人材のスキルアップを図ることであった。このような趣旨に沿って二〇〇四年七月には、「ビジネス・ライブラリアン講習会」がビジネス支援図書館推進協議会と静岡県教育委員会の共催により静岡市で開催された。これには静岡市から一二名が受講した。

　情報技術を用いた情報サービスを実践する能力については、サーチャーの資格を持っている人を派遣の形で確保して開館当初から利用者に対する高度なサービスを実施できるようにすると同時に、利用者向け研修プログラムを実施し、さらには職員に対するさまざまな助言を行なうという体制をつくった。また企業体の図書館などでサーチャーとして勤務経験があり、その後フリーランスの専門家として検索や研修等で実績のある専門家を招いて、研修を実施した。多言語サービスについても、専門家を招いてコミュニケーションに関する実地的な訓練を行なった。これらの事業は、図書館の予算で行なったわけではなく、文部科学省による社会教育活性化事業（二〇〇四年度）に「情報活用型モデル図書館事業」として申請して採択された結果実施されたものである。詳細は以下の通りである。

「情報プロフェッショナル養成事業」
目的：顧客志向のサービスに対する職員全体の理解の深化とスキルアップを図ると同時に、データベース検索、ビジネス支援、多文化間コミュニケーション等の分野で高度な専門的能力を有する中核的スタッフの養成と確保につとめる。
・顧客対応レベルアップセミナー
・多文化間コミュニケーション研修
・ビジネス情報検索研修

「専門情報サービス充実事業」
目的：利用者データベースを利用した情報検索の支援、及び職員、利用者への情報検索の指導の充実
・サーチャーの配置

図書館員を対象とした研修では、ロールプレーイングや実例に基づく演習を多く取り入れた実践的なワークショップ型のプログラムが採用された。

このような研修と並行して「多言語サービスプロジェクト」「地域資料プロジェクト」「書架展示機能活用プロジェクト（棚づくり担当）」を立ち上げた。これは、それぞれのサービスの充実という目標を持つと同時に、職員の研修（OJT）としての性格を持っている。

例えば「棚づくり担当」は、書架上の資料の再配置、廃棄、新しい資料の補充、書架上での展示、ミニコーナー作り、POP作成、サインの手直しなど、選書と展示の双方をカバーするような作業である。OJTの観点でいえば職員の選書力向上をめざしたもので、これは司書資格を持たない職員が中心に行ない、資格を持つ職員は助言者に徹することにしていた。

4　館長のリーダーシップと人材マネージメント

前節で述べた専門職性をめぐる議論のポイントは、図書館員に求められる専門的知識、技能を「図書館組織として集合的に持つこと」である。すでに述べたようなスキルを持ったスタッフを、すぐに図書館はそろえることが困難であるのは想像に難くない。しかし、利用者は待ってくれるはずもなく、図書館は明日からでも対応を求められる。米国のような雇用体系をとっていれば、終身雇用の権利を持っていないスタッフのパフォーマンスが悪ければ契約を更新しない、よければ契約を更新し、一定以上の成果を上げればさらに終身雇用権をもつ職員へ変化していくというやり方をとることができる。職員にとっては、雇用条件の改善をインセンティブとして自己研鑽するということになる。このような環境では、社会の変化にあわせて、職員の構成を自由に変えることができる裁量を図書館の管理者が一定程度は持つことができる。したがって、組織としての柔軟性は確保できる。

また、専門職制が確立している米国では、終身雇用権を得たとしても、より待遇のいい職場、より面白い仕事ができる職場が人材を求めている場合には、自ら応募する形で移っていく環境ができている。日本的にみれば「中途採用」であるが、この言葉が示すように、終身雇用に対する特殊な事例としての中途採用であって、あくまでも特例にすぎない。最近ある国立大学法人がこの「中途採用」で専門性の高い図書館員を公募して話題となった。また滋賀県等の自治体でみられるように、従来から館長については全国規模で人材を求めてきた事例はあるし、特に図書館を新設する場合に、新卒者ではなく経験者を自治体が新規採用する、あるいは出向の形で例えば県立図書館の職員から確保してきた事例は多く存在する。

しかしこれはあくまでも図書館の設置をきめたものの、その自治体に専門的な経験のある人材が存在しない場合の苦肉の策という側面を持つ。もちろん日本の社会的状況を顧みずにアメリカの図書館で採用されているやり方が優れているという議論をするつもりはない。なぜならわが国のように公の世界では原則的に終身雇用制が維持され、なおかつ図書館の管理者には図書館の職員の定数等をコントロールする権限がない環境では、既存の職員をやめさせて新たな別のスキルを持った職員を雇用するというやり方や、職員定数を増やして新たな人材を確保するというやり方はとれるはずもないからである。したがって研修等の積み重ねによって、既存の人的資源に新たなスキルを身につけてもらうという方策が重要度を増す。

それとは別の考え方としては、図書館に必要な新しいスキルを持った人を外部に求める方策がある。質の高い人材を組織内には確保できない場合には、目的を達成するための手段として、そのような人材を短期的に外部から持ってくるというのは、当然考慮されるべきものである。御幸町図書館では、正規職員、嘱託職員、派遣職員、臨時職員がサービスを担い、集合的に専門的な技能を確保している。このような環境の下で、しかも館長には図書館経営の責任があるといいながら、人的資源については、非常に限定された範囲の経営権しか持っていないという、マネージメントの観点から見ればいささか手足を縛られた状況で、御幸町図書館の館長が、職員に対して何を求め、何を実現しようとしているかを見てみよう。

現館長の豊田氏は、職員とのコミュニケーションを図る目的でニュースレターを出しているが、そのなかで、自身のマネージメントの方針について以下のように述べている。少し長くなるが全文を再録する。

1　私は館長として四つの務めを果たします。
館長として、私は次の四つの務めを果たすため、精一杯、努力したいと思います。
①館の目指す方向を絶えず羅針盤のように指し示す。
②館が目指す方向に進むために、スタッフの成長と情報共有と適材適所に心を砕く。
③やるべきことについて衆知を集めつつ、館長自身の責任で決定する。
④危機管理に心を配り、来館者と職員の安全・安心を守り抜く。

2　私にとって最も優先度の高い仕事は、みなさんの話を聞くことです。
いつでも誰でも遠慮せず声をかけてください。ここに書いたことへの異論も歓迎です。

3　嘱託には図書館サービスのプロ、正規には図書館運営のプロとなることを求めます。
図書館サービスとは、役に立つ資料・情報を集め、整え、提供すること。図書館運営とは、図書館サービスが効率よくできるように組織や環境を整え、問題が起これば率先して解決にあたり、ときには館長に代わって優先順位や今やるべきことを決断すること。このように定義したうえで、それぞれのみなさんにプロフェッショナルとなっていただきたいと思います。そのような気構えを持ち努力する方への賞賛と協力を、私は惜しみません。臨時職員のみなさんにも、もちろんそれぞれの持ち分でのプロ意識を期待しています。

4　仕事の優先順位を判断するための基準を明らかにします。

仕事の優先順位が分からなくなっている、という指摘を何人かの職員からいただきました。私はこう思います。優先順位を判断する基準は、

（1）「それによって、個々の市民にとって、より速く、確実に、役に立つ資料・情報を提供できるかどうか？」ということ。「より速く、確実に」も、結局は「役に立つ」ためなのだから（つまり、遅すぎたり、間違っていたりすると役に立たなくなる）、究極的には、

（2）「それによって、個々の市民にとって、より役に立つ資料・情報を提供できるか？」ということです。今後は、仕事に関することは、すべて、この基準に合っているかどうかで考えるクセをつけていきたいと思います。これは、みなさんにもそのように考えて欲しいというお願いでもあります。

5　館が直面している問題について、全員で徹底的に話し合う場をつくります。

御幸町図書館で起こる問題の半分以上は、職員間のコミュニケーション不全と、館長である私がそのことを察知できず放置してきたのが原因と考えます。館長として、このことはみなさんにお詫びしたいと思います。「連絡ノート」で見えてきたこともあるけど、まだ不十分。そこで九月二七日（水）一三時から一六時まで、職員間のコミュニケーションのどこが問題なのか、どうすれば改善できるのかを徹底的に話し合います。「徹底的に」とは、いいことも悪いこともさらけ出す、ということ。ただし、問題にするのは人格ではなく行動。本

人がいない場での陰口（「（私じゃなくて）あの人の責任！」とか）は感心できません。

6　図書館配属一年目の職員は、あと半年で「一人前の図書館員」になってもらいます。

非常勤嘱託職員については、来年四月一日からメンター（一対一の援助者）として後輩の指導をしてもらうつもりです。（本当は、今年度からやるべきでした。）

「一人前の図書館員」の条件として、私は以下のようなことを考えています。

①共通の仕事（連絡車運搬資料処理、書架整理、予約済資料連絡、開館・閉館事務）は言われなくても率先してやる。

②一人で処理できない仕事の他の職員への引き継ぎが完璧にできる。

③クレーム対応やレファレンスが自分でできる。（「上司を出せ」「あんたじゃ分からん」と言われない限り）

④コスト感覚を持つ（消耗品の節約、自分や他人の時間、正確な処理∨速いが雑　ｅｔｃ．）。

⑤プライベートな人間関係の「好き嫌い」を仕事に持ち込まない。

⑥あいさつはもちろん、相手の立場を思いやるやりとりができる。（お客様にも職員にも）

⑦あらゆること、あらゆる人から学びとる基本的な構えがある。

一人前になるためには、a．分からないことがあれば分かる人に分かるまで聞くことと、b．自分なりに考え・試してみて・その結果についてまた考えること、両方が必要です。

もちろん以上の七点は、二年目以上の嘱託や、正規職員もクリアしていてほしい条件です。しっかり自己点検すると同時に、それぞれの立場でプラスアルファするべき条件はなにか、ぜひ考えてみていただきたいと思います。

7　一人ではどうにもならない問題は、組織で解決をサポートするようにします。

私たちの能力や健康には、個人差があります。病気、怪我、その他の障害で、仕事が捗らない、コミュニケーションがうまくいかない等、自分の力だけではどうにもならない問題を抱えてしまうことがあります。逆に、仕事のできる人に過剰な業務や責任が集中し、苦しい思いをすることもあります。どちらにしても、一人で解決するのは難しい。追い詰められることもしばしばあります。残念ながら、今の御幸町図書館で実際に起こっていることです。

私は、そのような問題の解決を組織としてサポートしたいと思います。できるだろうか？　みなさんの自覚と協力があれば、きっとできます。御幸町図書館は、そんな人間味のある組織にしたいと思います。みなさん、少しだけ想像力を働かせましょう。自分だって明日はそうなるかも知れないのですから。人を大切にできる組織は、想像力（仲間や他人を思いやる心）が生きている組織。私はそう信じています。

今月の言葉：想像してごらん！　すべての人が今日を生きてる

この文章には現在の御幸町図書館における職員のあり方と育て方が明確に示されていて興味深い。まず、正規職員と非常勤嘱託職員に対する姿勢である。この考え方は、私が先に言及した図書館員の専門性を考える上での二つの役割の分化とは異なっているが、実際のサービスの質の高さの保証を非常勤職員にも求めている点にまず注目したい。

このような見解に対して、非常勤職員のような相対的に処遇の低い者に対して多くの責任を求めすぎているという批判はあろう。しかし、今日の図書館の現場において非常勤職員が単なる補助職ではすまされないという現実を踏まえれば、非常勤嘱託職員の労働におけるモチベーションを高める上でも重要なことである。また図書館に配属されて間もない正規職員に対しても、どれくらいの期間で自分が何を身につけるべきかという目標と持つべき意識を示している。

ボランティアについても一言だけ触れておきたい。すでに述べたように、書架整理業務やお話会の業務のために、ボランティアが活躍している。「ピクチャー・ブック・リーディング」のような事業（第二章参照）はボランティアなしではとうてい成り立たない事業である。

今日、公共図書館の現場を支えるのは正規職員だけではない。さまざまな人材がそれぞれの能力を発揮することによって図書館は、はじめて図書館として機能すると言っても過言ではないかもしれない。しかし、そのような力を真に活かすには、リーダーシップとビジョンを持ち、館の進むべき方向を明確に示すことができる館長の存在が不可欠なのである。

第八章　まちの真ん中に図書館をつくる

豊田　高広

1　御幸町図書館で何が始まったのか

ビジネス支援サービスと多言語（多文化）サービスに重点を置く静岡市の新しい「名所」、静岡市立御幸町図書館が開館したのは、二〇〇四年九月一七日のことである。延べ床面積は二〇九四平方メートル。静岡市御幸町伝馬町第一地区市街地再開発事業の一環として、同地区の再開発ビルの四階と五階に開設された。ペガサートと名づけられたこの再開発ビルは、静岡鉄道の電車とバスのターミナルがある新静岡センターと細い路地を隔てて向き合い、静岡市の最も繁華な地域の一角を占めている。いまどきの図書館には珍しく専用駐車場がなくビルの駐車場は有料、最初から徒歩または公共交通機関によるアクセスを想定している。

この図書館の開設は、静岡市役所内にあった追手町図書館の移転・拡充という形をとった。周辺地域住民のための地域図書館としての機能を追手町図書館から受け継ぐ一方で（主に四階）、六階と七階に併設の静岡市産学交流センターと連携したビジネス支援サービス、そして外国人住民を主な対象とした多言語サービスを提供する図書館（いずれも主に五階）として、サービスの高度化を図ったのである。情報サービスという視点からは、電子メディアの提供が欠かせない。この図書館内には、インターネットと約二〇タイトルの商用データベースにアクセスできる利用者用パソコン三〇台が設置されている。

二〇〇三年度の追手町図書館のデータと比較すると、二〇〇五年度の御幸町図書館の一日当たりの入館者数は一八二七人で一・五倍、個人貸出点数は一三八一点で一・四倍を数える。入館者数は静岡市立の図書館一〇館中、最大である。他の図書館では主役の位置を占めて貸出点数を稼いでいる児童書や文芸書は、書架の配置においても、所蔵冊数においても、ここでは脇役のポジションに退いている。面積のおよそ半分は、ビジネス支援と多言語サービスの書架に占められている。手前味噌かもしれないが、そのような条件を考慮すれば、まずまずの数字ではないだろうか。

二〇〇五年四月に政令指定都市となり、区制が布かれた静岡市。三つある行政区のうち、葵区内には中央図書館をはじめ五つの市立図書館があり、御幸町図書館もその一つである。（株）ワード研究所が登録会員五万人（回答者は約一万四〇〇〇人）を対象として二〇〇五年の一月から三月にかけてインターネットを使って行なった「自治体公共サービス満足度調査」というアンケートによれば、葵区住民の「図書館の満足度」は、二〇サンプル以上の回答があった全国一八三市区町村中、葵区が旭川市と並び二位だったという。ちなみに、一位は千葉県浦安市。全国の公共図書館のモデルともいわれる浦安の図書館に次ぐ、という結果だったのである。これは交通アクセスにおいても、資料やサービスの内容においても、同じ区内で使い分けができるという、使い勝手のよさへの支持ではないかと思う。

ビジネス支援や多言語サービスだけではない。他の地域館でも、「健康・医療情報サービス」をはじめ、市民のくらしや仕事に役立つ情報サービスの具体的で自発的な試みが、徐々に始まっている。御幸町図書館が起こした波は、御幸町図書館だけでは終わらないようだ。

2　一枚の新聞記事から

今、私の手元に『朝日新聞』一九九八年九月八日付夕刊の切り抜きがある。「ネットワーク時代のデジタル文化」というシリーズの第三回で、タイトルは「さらば知の殿堂」。私がニューヨーク・パブリック・ライブラリーにＳＩＢＬ（シブル、科学・産業・ビジネス図書館の略称）という図書館があるのをはじめて知ったのがこの記事だった。「デジタル化されたビジネスの現況を意識した図書館運営」というフレーズに傍線が引かれている。なぜ、この記事が私の興味を惹いた、いや、心をつかんだのか。ＳＩＢＬという、遠い外国の図書館が、静岡という地方都市の図書館の誕生とどのようにつながっているのか。そのことから、語ってみたい。

一九九四年四月、私は静岡市の職員として、静岡市立中央図書館に配属された。当時の私は三〇歳代半ば。中央公民館からの異動である。一九九七年三月までの三年間は移動図書館で市内を巡回するサービスと障害者向けに録音図書を作成・配送するサービスを主に担当していた。図書館への異動はまったく予想外、正直にいえば不本意な異動だった。

当時、司書資格を持っている職員は、正規職員の半数程度だったはずだが、中心になってサービスを切り盛りしているのは有資格者だ。日常業務の繰り返しの中で、地味な改善を積み重ねていく彼らの仕事のスタイルは、講座やイベントの企画運営に長年携わってきた私にはなかなか馴染めなかった。いらだちや、ときには反感を覚えることもあった。もともと本は好きで、分野を問わず雑読したり、古書店・新刊書店を問わず書店めぐりをしたりするのが性に合っていた。それだけに、自分よりずっと若い図書館員から、本の扱いのことであれこれ指導されるのは面白いことではなかった。

しかし、冷静に考えれば、分類にしろ、目録にしろ、あるいは参考業務にしろ、基本的なことがわかっていないことは否定できない。ある程度は専門的な知識がなければ議論もできないと思い直し、玉川大学の通信課程に入学して自費で司書資格をとったのが異動の翌年、一九九五年のことである。夏のスクーリングの間、私は「ちょっと贅沢か」と思いながら、町田市立中央図書館が入っている再開発ビルの中のホテルに宿を取ったのを覚えている。エスカレータで上った先に賑わいが広がる、まさにまちの真ん中の図書館だった。薄暗くてかび臭い図書館のイメージが、少し変わった。

同じ頃、前川恒雄氏の『移動図書館ひまわり号』（筑摩書房、一九八八年）を読んだ。七〇年代以降、全国の市町村立図書館のモデルとなった日野市立図書館を、その初代館長だった前川氏が中心となって、移動図書館から作り上げていく過程を描いた、当事者によるドキュメントである。日野市立図書館の「自伝」といってもよいだろう。自分のやっていることを否定的に考えながら仕事をするなどということが、いつまでも続くわけがない。根が楽天的な私にとって、この一冊は、自分の仕事を肯定的に考えるよいきっかけとなった。私は、少しずつ、図書館の面白さに魅せられていった。

だが、自治体財政は、日野市に代表される「市民の図書館」が急成長を遂げた一九七〇年代から八〇年代と比べると格段に悪化していた。移動図書館はもちろんのこと、図書館そのものが財政部門から効率の悪い、不要不急の施設とみなされ、資料費や人員カットの圧力に晒されていた。また、インターネットに代表される新しいメディアが着実に実用化されていた。津野海太郎氏の『本はどのように消えてゆくのか』（晶文社、一九九六年）を刊行とほぼ同時に購入し、五月というのに雪の降る長野県内の旅先の民宿で読み耽ったのは、一九九六年のことである。電子本があらわれ、印刷された本が消えていけば、図書館だっていっしょに消えていくのではないか。「いつか、図書館がなくなる日が来るかもしれない」ということを、多くの図書館員が薄々とではあっても感じ始めていたのではないだろうか。私自身も「図書館は生き残れるのか」という疑問を抱かないわけにはいかなかった。同時に、どうせ図書館で働くなら、そんな時代であっても、立派に住民の役に立つ図書館にしたい、とも思うようになっていた。

3　図書館ネットワーク計画

一九九六年六月、市内全域に均一の図書館サービスを実現するという視点から、市内の図書館配置や移動図書館のサービスポイント等を見直すためのプロジェクトチームとして、「図書館ネットワーク研究会」が発足した。職員全体からメンバーを公募するなど、従来の図書館運営から考えれば画期的な方法が取り入れられた。その最大の目的は、静岡市の新総合計画に新しい図書館整備計画を盛り込むことにあった。私は移動図書館の担当者のまま、そのまとめ役も務めることになったのである。約一年かけて、一九九七年三月までに作り上げた「図書館ネットワーク計画」は、当時の中央図書館長の了解は得たものの、結局、静岡市や市教育委員会の承認を得ることなく終わった。だが、今振り返ればこのプランが、これから述べようとしている御幸町図書館という「まちの真ん中の図書館」の発端であったことは間違いない。

このプランの策定の最中、中央図書館長とこんな会話を交わしたのを覚えている。私は、中央図書館の新しい機能として実用的な情報サービスを前面に出すべきだと述べ、黒板に三つの単語を書いた。

「企業、役所、ＮＰＯ。この三つを、図書館の情報サービスの新しい対象として考えるべきではないでしょうか」

館長は答えた。「そうだな。会社へのサービスというのは前から考えていたよ。有料の特別サービスというのもあり得るんじゃないか」「有料」という言葉に、自分がどう反応したかは覚えていない。多分、曖昧に受け流したのだろう。

「静岡市立図書館ネットワーク整備計画」の仮称で呼ばれたこのプランでは、御幸町図書館の前身である追手町図書館について、静岡駅に近く、オフィス街の中心に位置しているため、他の図書館とは異なるビジネスや行政の需要に対応した情報提供の拠点、「静岡市の情報センター」としての役割が求められる、としている。そこで、こうした面での資料を充実するとともに、データベース、インターネットなどの館外の電子情報を存分に利用できる「電子図書館」としての機能を整備し、新たな要求に応えることをもって、都心部の図書館の条件としたのである。もちろん、そのためには六六〇平方メートルの追手町図書館ではあまりに手狭であった。したがって、将来的には、都心部での再開発など、増床の機会をとらえて追手町図書館の規模と機能を拡大することが提案されると同時に、新中央図書館に格上げすることも示唆されている。

結果として、「幻の新中央図書館構想」の中の「サービス機能の高度化」に関する提起は、まさに、追手町図書館の移転・拡充という形で、実現していくことになる。だが、最終稿を図書館の備品であるワープロ専用機でまとめあげた私自身、どこかで「こんな図書館、本当にできるのか」と疑問に思っていたようだ。今、図書館には、私用で持ち込まれたもの以外、パソコンは一台もない。具体性のない、夢物語ではないか。

4　まちの「頭脳」・独学者の「学校」

一九九八年六月八日。私はこの日付で一枚のメモを書いている。タイトルは「新中央図書館、四つのコンセプト（案）」。こんなものを書いていたところをみると、例のプランはお蔵入りとなったものの、すでに現在のペガサートの原形となる再開発ビル建設の動きがあったようだ。実際に計画が動き出すのは、翌年の秋だったはずだが。

「四つのコンセプト」のタイトルは次のとおりである。横文字がちょっと恥ずかしいが、そのまま書き留めておこう。

1　まちの「頭脳」―BRAIN―
2　独学者の「学校」―SCHOOL―
3　地域マルチメディアハイウェイの「駅」―STATION―
4　市民文化の「サロン」―SALON―

第一のコンセプト、「まちの頭脳」の項は、先の「仮称・静岡市立図書館ネットワーク整備計画」での「静岡市の情報センター」や「電子図書館」のコンセプトをほぼそのまま受け継いだ内容であって、あまり進歩が見られない。

第二のコンセプトで、「独学者」という言葉を使ったのは、当時よく読んでいた津野海太郎氏の著書の影響に違いない。一九九八年四月に中公新書の一冊として出版された津野氏の著書

『新・本とつきあう法：活字本から電子本まで』を、私は刊行直後、人間ドックの待合室で貪るように読んだ。最終章は「図書館とつきあう」と題され、「独学者による独学者のための……」という小見出しもある。「独学者の学校」というコンセプトには、先の計画にはなかった、新しい視点が盛り込まれているので、全文、再現する。

a　独学者の自己教育（生涯学習）を支援する。ベンジャミン・フランクリンの精神に立ち戻って、独学者のための図書館。

i　資料の利用　ii　相談・参考調査

b　独学者が学びの果実を還元（ボランティア）する場を提供する。ベンジャミン・フランクリンの精神に立ち戻って、独学者による図書館。

i　図書館友の会　ii　障害者サービス、読み聞かせ、学習相談等

c　独学者は年齢・職業・国籍・障害等、多種多様。だからバリアフリーなサービスが求められる。

i　外国語サービス（新聞・雑誌・図書、外国語の案内）　ii　バリアフリー端末サービス（パソコンで拡大読書、音声訳など）　iii　夜間サービス

御幸町図書館の目玉の一つである外国人向けの「多文化サービス」(当時、そんな言葉は知らなかったが)のアイデアや、市民も能動的に図書館をつくり動かす側に立つことがあるという発想は、この頃から私の頭の中にあったようだ。

5　NYパブリック・ライブラリーと出会う

ニューヨーク・パブリック・ライブラリーについて書かれた『朝日新聞』の記事を読んだのは、先のメモを書いてから数ヵ月後のことである。どことなく絵空事くさかった、「新中央図書館、四つのコンセプト(案)」を実現している図書館があるらしい、ということに気がついた。そして一九九九年八月号の『中央公論』。広告に「ニューヨーク公共図書館」の言葉があることに気がついた私は、図書館の装備が済むのが待ちきれず、中央図書館の近所にある書店ですぐに購入した。その号には、静岡市立図書館にとってはもちろんのこと、その後の日本の図書館界全体にとっても画期的なルポが載っていた。菅谷明子氏の「進化するニューヨーク公共図書館」である。これをはじめて読んだとき、私の頭の中で何かが弾けた。現実と理想を仕切る壁が崩れた、というべきか。私たちの主張は絵空事ではない。

菅谷氏のルポは、二〇〇三年に出版されて、図書館に関心をもつ多くの人々の間で評判となった岩波新書の一冊『未来をつくる図書館——ニューヨークからの報告』の原形ともいえるものである。小見出しを並べてみれば、このルポがニューヨーク・パブリック・ライブラリーの、どのようなところに注目したのかわかっていただけるだろう。

・コピー機や航空会社も生んだ
・「敷居の低さ」は世界一
・好景気で相次ぐ大口寄付
・無名の人の夢をかなえる
・芸術家の育成にも熱意
・起業家を支援するハイテク図書館
・盲人・身体障害者用の図書館も
・「研究者・作家センター」の新設
・個人のパワーを引き出す

要するに、徒手空拳の一個人が現世において成功のチャンスをつかむという意味での「アメリカン・ドリーム」を支援する装置としての図書館が、ここにリアルな存在として描かれたのである。ルポは、日本の読者への、次のような力強いメッセージで結ばれている。

二十一世紀を間近に控え、社会の急速な変化に対応するには、個人がパワーをつけることが今後ますます重要になると言われている。そのためにも、眠れる人材を支援し、それを社会に還元するためのシステム――「知的インフラ」としての図書館――を今こそ見直すべきではないだろうか。

日本においても、図書館を「ニューヨーク・パブリック・ライブラリー方式」とでも呼ぶべき、以上のような方向で充実させること。その結果として期待される効果の一つとして、菅谷氏が挙げているのが「コンピュータを使いこなす能力をはじめ市民の情報武装を強化する」ことである。私はこの言葉を、図書館を住民のメディア・リテラシー形成の場とせよ、との提言と受けとめた。特に「情報武装」という挑戦的な言葉が気に入った。個人の自立（自律）がようやく日本社会の最重要課題として一般に認知されるようになり、自立しようとする個人（独学者としての個人、といってもいいかもしれない）を支援することこそ図書館の役割と考えるなら、「情報武装」は図書館政策のキーワードとなる、と思えたからである。

なお、菅谷氏のもう一冊の著書『メディア・リテラシー』（岩波新書）が世に出たのは、翌二〇〇〇年。同書によれば、メディア・リテラシーとは〈メディアが形作る「現実」を批判的（クリティカル）に読み取るとともに、メディアを使って表現していく能力〉である。

菅谷氏のルポを読むことで、新中央図書館構想は、図書館の生き残りの戦略から巨大都市に富と力が集中する時代における地方都市の生き残り、そして市場原理が他の何ものにもまして優先される時代における「情報弱者（インフォプア）」としての個人の生き残り戦略にリンクした。おそらく菅谷氏のルポを読んだ直後だろう、私は、こうした視点が、都市間競争で静岡市が生き残っていくためにも不可欠であることを提言した企画書を書き、市の企画調整課の担当者に渡した。御幸町図書館の構想は、ようやく図書館内部のメモの段階から「離陸」したのである。

こうしてニューヨーク・パブリック・ライブラリーが蒔いた種の一つが、太平洋を渡り、静岡の土壌で芽吹きはじめた。

6　地域館リニューアル

二〇〇〇年五月、当時の静岡市役所新館九階の特別会議室で、「御幸町・伝馬町第一地区市街地再開発事業」に関する会議が開かれた。出席した関係各課の課長の中には、当時の静岡市立中央図書館長の名もあった。主な議題は、この再開発事業により建設される予定のビル、後のペガサートに入る「公共公益施設」について。四フロア四一三〇平方メートルを静岡市が買い取ることが条件となっていた。翌月、市三役および教育長・主要部長等で構成される庁議において、一フロアにつき約千平方メートルで、御幸町図書館に二フロア、都市型産業交流センターと職員会館に各一フロアを割り当てる方針が正式に決まった。その後、職員会館の計画はなくなり、都市型産業交流センターが図書館と二フロアずつ分け合う形になる。ちなみに都市型産業交流センターは、成長産業の育成を図るために創業および産学連携を支援することをその設置目的としていた。

床面積が二千平方メートル強では、当初に構想していた中央館機能の移転は難しい。だが追手町図書館という地域館の移転・リニューアルという形で、サービス面については先の新中央図書館構想に匹敵する水準をめざすという方向で図書館はこの条件を受け入れた。こうして、新図書館の位置づけは、新中央図書館から、静岡市役所内にあった追手町図書館の代替施設に変わった。

この年の四月、追手町図書館から中央図書館に異動したTさんと私が、当時は仮称御幸伝馬図書館と呼ばれた御幸町図書館の開設準備を担当することになった。Tさんは大学で四年間、図書館情報学を専門に学んだ後、実務は私より一年長い七年間担当しており、頼りになる存在であった。追手町図書館の勤務が長かったので、移転後の利用者像を具体的にイメージできるというのも心強かった。七月には、ビルの青写真が提示され、私たちは「新中央図書館」ではない、地域図書館の進化形としての御幸町図書館の方向性を模索しはじめた。

九月に御幸町伝馬町地区市街地再開発組合の設立が公告され、再開発事業の一環として図書館建設事業は正式に始動した。ビルの建設設計業者は、年内に株式会社アール・アイ・エーに決定し、同社は図書館部分を含め、基本設計と実施設計を担当することになった。二〇〇一年二月には、基本設計について設計業者と図書館を含む市役所の各担当の間で、最初の打ち合わせが行なわれた。このころには、すでに御幸町図書館の新しいコンセプトは固まりつつあった。二〇〇一年一月一六日の日付がある「仮称・新追手町図書館に関する基本方針」という私たち開設担当者が作成した資料によると、当時考えていたコンセプトは四点である。全体のキャッチフレーズは「今度の図書館は、ビジネスに使える！」再開発ビルの四・五階に入るということがすでに決まっていたので、フロア構成への詳しい言及もある。

第一のコンセプトは「ビジネス・行政情報図書館」である。「六階に入る予定の、都市型産業交流センターとの相乗効果もねらう」としている。資料として残っている限りで、連携に関する最初の言及である。主に五階フロアに関連機能・資料を収集する、とある。

第二のコンセプトは「中央ブロックの地域図書館」である。これは従来の地域図書館機能の延長である。中央ブロックとは、当時の静岡市の総合計画の区割りであり、青葉小学校区をはじめ、九つの小学校区が含まれる。主に四階フロアに関連機能・資料を集中させる。

第三のコンセプトは「電子化された図書館」である。先の二つのコンセプトを実現するための補助的なコンセプトといえよう。館内に図書館側が設置する利用者用パソコンと、利用者が持ち込むモバイルパソコンの使用を想定している。前年一二月には文部省から『二〇〇五年の図書館像――地域電子図書館の実現に向けて（報告）』が刊行されていたので参照していたに違いない。ブック・ディテクション・システムや自動貸出機の使用も、主として省力化という観点で、この時点から想定していた。結局、どちらも実現しなかったが。

第四のコンセプトは「ボランティア協働型図書館」である。これもはじめの二つのコンセプトに対する補助的なコンセプト。最初から市民のグループや個人ボランティアの協力を得て運営することを想定した設計とする必要がある、と考えていた。

余談だが、この資料では、「シャワー効果、情報図書館機能の利用増のためエスカレータは五階まで欲しい」とある。現在、ペガサートの地下一階から地上五階まで、エスカレータが設置され、よく利用されている。実は、エスカレータの設置については、財政的見地から消極論が強かった。図書館側は、以前、新宿区立四谷図書館を視察した際の経験から、オフィス街のビル上層階の図書館は、昼休み等の特定時間帯に利用が集中するのでエレベータのみとするのは問題、としてエスカレータ設置を強く主張した。私自身は、といえば、かつて併設のホテルに宿泊しながら利用したことがある、町田市の中央図書館のエスカレータをイメージしていた。最終的には、地権者サイドから、下層に店舗が入った場合のシャワー効果（集客施設の利用者が店舗にも立ち寄るという効果）を期待していると主張してくださったようで、現在のような形でエスカレータが設置されることになった。

基本コンセプトは以上のようにまとまってきた。だが同時に、ビジネス支援にせよ、図書館の電子化にせよ、開設スタッフにとっては未経験のことであり、専門家や利用者の視点から多角的に検討して、基本構想と建築計画書を作成する必要があることも明らかになってきた。二〇〇一年が明ける頃には、開設スタッフは基本構想策定のための委員会設立の準備をはじめていた。

ところが、三月末になって困ったことが起こった。私とともに新図書館の開設準備を担当していたTさんが、図書館から他の部署に転出することになったのである。このときの人事異動では、今までになく多くの優秀な若手が転出した。ほとんどが司書資格保有者だった。私は大いに狼狽し、困惑した。これで次年度は立ちゆくのだろうか。

二〇〇一年四月から、Sさんが業務を引き継いだ。幸い、彼女もTさん同様、追手町図書館の勤務が長く、引き継ぎの時点で五年のキャリアがあった。現在（二〇〇六年度）まで私と同様、御幸町図書館のビジネス支援を担っており、現場リーダー的な存在である。中央図書館長もS館長からM館長に替わり、御幸町図書館の開館前年まで三年間、私たちはその指揮を受けることになった。勉強熱心であり、かつ部下に任せてくださるタイプで、市民にも部下にもよい意味でオープンな仕事ぶりである。私たち開設スタッフは、M館長によって強力に守られながら準備を進めることができた。なお庶務方（管理担当）では、最初はYさん、その後はSさんやHさんが開設スタッフを支えてくれた。建設室のような組織は設置されなかったが、中央図書館を挙げての開設態勢がとられたのである。

7　静岡市立図書館の使命

二〇〇〇年は静岡市立図書館全体が、開館時間延長と月曜・祝日開館をめぐって揺れた年でもあった。私は御幸町図書館の準備を進めるかたわら、各館から選出された職員からなる開館時間延長・通年開館対策プロジェクトチームのメンバーのまとめ役として、予想されるさまざまな問題の検討にあたった。さんざん揺れたあげく、プロジェクトチームの意見が「何のための図書館か、はっきり言葉にしてみようじゃないか」ということでまとまったのは、本当に幸いだった。

「開館時間、けっこうじゃないか」「開館日を増やして何が悪い」という声に対して、今までうなずくだけだった私たち図書館員が、「時間を延ばして何を提供するのか」「開館日を増やしてどんなサービスを届けなければならないのか」という、より根本的な問いの存在に気がつき、答える努力を開始することができたからだ。「貸出を増やして何を提供するのか」「レファレンス件数を増やして何に満足してもらおうというのか」というのも、同じことだ。この「なぜ、何のために」という問いがなかなか浮かばなくなっていることこそが最大の問題だったのかもしれない。だからこそ「何のために」の問いかけは、当時の静岡市立図書館にとってブレークスルーとなった。

その後、全館の職員、図書館協議会委員、そして市民からの意見公募を経て、二〇〇一年四月、「静岡市立図書館の使命」が制定された。以下はその全文である。

静岡市立図書館の使命

図書館は、情報の海にこぎ出す市民ひとりひとりの水先案内をつとめます。いろいろな情報をのせた資料を集め、提供することで、

一　「図書館の自由に関する宣言」にもとづき、知る自由を守ります。

二　市民のくらしや仕事やまちづくりに役立ちます。

三　学びを通してさまざまな個性が育つことを助けます。

これらを実現するために、職員の専門的能力を高め、市民本位のサービスを追求します。また、運営についての情報も積極的に公開し、市民と行政が協力し合うことで成長する、開かれた図書館を目指します。

平成十三年四月三十日

静岡市立中央図書館

同時に、この「使命」を具体化した「図書館の目的とサービス方針」も制定された。上記の第二の使命、「市民のくらしや仕事やまちづくりに役立ちます」を実現するためのサービス方針として、たとえば次のような項目がある。

・会社・自営業者・市民団体・役所などの活動に役立つ資料を集め、提供します。
・市民のくらしや仕事に役立ち、時事問題への関心に応える資料を集め、提供します。
・子ども・若者（ヤングアダルト）・高齢者・障害者・外国人など、それぞれの求めや特色に応じたサービスとPRを工夫します。

これらは、「図書館はこれをやります」という市民に対する約束、チャーターである。ここに描かれた図書館のビジョンを職員が共有化するのはたいへんなことだ。正直に言って、つくったのはいいけれど次のステップに進めないで足踏みしている状態であった。「目的とサービス方針」の施策への具体化や、事務事業評価に向けた指標化も必要だった。だが、これで御幸町図書館のビジネス支援や多言語サービスは図書館の進むべき方向性と一致していることが明確になったのは間違いない。

8　市街地再開発と図書館

先にも述べたとおり、新図書館は「御幸町伝馬町第一地区市街地再開発事業」の中に位置づけられることにより、ようやく実現の目処が立った。この再開発事業について、ここで少し触れておきたい。

御幸町伝馬町第一地区市街地再開発組合のパンフレット「御幸町伝馬町第一地区市街地再開発事業」によれば、この地区の周辺は静岡市内で最も商業・業務機能が集積している。しかし、再開発が行なわれる直前の時期には老朽化した木造建築物が密集し、本来の価値を活かすという意味でも、防災という点においても問題があるといわざるを得ない状況だった。「伝馬町御幸町地区市街地再開発基本計画」は一九七三年に作成され、一九九一年には都市計画決定がされていたが、その後、開発は難航した。ようやく二〇〇〇年に入って御幸町伝馬町第一地区市街地再開発組合が設立され、約二七七〇平方メートルの敷地に地下二階、地上二一階のビルが建つことになったものである。

二〇〇〇年三月に静岡市が公にした『静岡市中心市街地活性化基本計画』では、御幸町・伝馬町地域の現況を次のように描いている。

市内で最も百貨店が集積している地区で、ブランドショップなどの誘導がなされている。若年層向けの色彩の強い商業集積地域である。また、静岡鉄道の新静岡駅を域内に有し、JR静岡駅にも隣接し、ターミナル機能も高い。／一方、休日の駐車待ちの車による慢性的な渋滞のほか、アーケードや道路設備の老朽化、都市空間の低利用などの問題が指摘されている。

同じ地域の活性化の方針もここに引いておこう。

個性と変化に飛んだアップグレードなまちづくり／広域的な商業機能の充実と、安全な歩行空間の整備強化を図る。地域内で進められている再開発事業を促進し、より個性的なテナントの設置などによる商業・業務機能を更に強化するとともに、電線類地中化や老朽化したアーケードの改修、静岡鉄道の高架化事業などを通じて歩行者に優しい道路空間の整備を行う。

全国的に、地方都市の中心市街地の空洞化が問題となっているなかで、旧静岡市は商業・事業集積の例外的な高さを誇ってきた。それが、都市の盛衰にとって死活問題であることは言うまでもない。景気とは関係なく高い集客力が期待できる図書館は病院と並び、特別なポジションを主張しうる都市施設である。この数年、全国の都市再開発において、図書館が取り上げられるようになったのは、この認識がようやく一般化してきたということであろう。

静岡市の特殊性は、本章の最初にも述べたとおり、三つある行政区のうち葵区内には中央図書館をはじめ五つの市立図書館があるため、たとえ専用の駐車施設がなくても、また中心市街地に特有のニーズにサービスのターゲットを絞り込んでも、利用者にとって選択肢が増えることはあっても、そのこと自体が大きな不満の種とはならないという点にある。では、静岡市の中心市街地に特有のニーズとは何か。この点は、二〇〇一年度に設置された仮称御幸町伝馬町地区図書館基本構想等策定委員会において深められることになった。

9　基本構想まとまる

中央図書館ならともかく一地域館の、しかも新設ではなく移設のために委員会を設置して基本構想を検討してもらうとは。まさに異例のことだった。しかし、今回は新図書館の計画そのものが異例づくしなのだ。まず移転という形をとるとはいえ、新図書館は規模においても立地条件においても追手町図書館とは根本的に異なり、蔵書の大部分を新図書館に移すという点を除けば、ほとんど別物と考えて差し支えない。

さらに、地域図書館としての位置づけとビジネス支援という新しいサービスの関係をどのように整理するか、電子メディアの台頭にどう向き合うかといった基本コンセプトに関わる大きな課題を抱えている。館運営への市民参加のあり方についてももっと掘り下げていく必要がある。こうした理由から担当として策定委員会を設置することを強く主張した。

当時のメモには「ＩＴを駆使し二一世紀静岡の市民・企業・行政のニーズにこたえる情報館的機能を有したリニューアルを果たすため、設計の前提となる基本構想と建築計画書の策定について意見・提案をいただく」とある。幸い、中央図書館長はもちろん、教育長をはじめ教育委員会事務局や財政当局にも委員会設置の必要性を認めていただくことができ、二〇〇一年七月には、一回目の会合を開催する運びとなった。

策定委員会は、旧来の図書館像にとらわれすぎることなく図書館の未来を広い視野で展望しながら、自由で闊達な議論ができるような場にしたい。このような意図にふさわしいという視点で、委員の人選を行なった。その結果、児童文学者でトモエ文庫という家庭文庫を主宰する草谷桂子氏、建築家で図書館のハードユーザーを自認する栗田仁氏、静岡新聞社の論説委員で文化部記者としてのキャリアが長い杉田至朗氏、静岡文化芸術大学教員で図書館情報学のエキスパートである竹内比呂也氏、広告制作やISIS編集学校師範としてメディア編集の分野に新しい境地を拓きつつある平野雅彦氏の五人（肩書きはいずれも委嘱当時のもの）に引き受けていただくことができたのは、本当に幸運なことだった。

竹内氏以外の委員はすんなりと決めることができた。四氏とも面識があり、水準の高い議論がされることを確信していた。だが、この委員会では図書館情報学の最新動向に通暁し情報サービスに焦点をあてたアドバイスをしてくださる方が欠かせないと思われた。いろいろと探したあげくにインターネット上で竹内氏の論文を見つけ、同じ静岡県内の浜松市におられることがわかったときはほとんど運命的なものを感じた。ただちにどなたの紹介もなくいきなりお会いし委員を引き受けていただいたのである。竹内氏は図書館の多文化サービスについても研究しておられた。おかげで、のちに御幸町図書館が多言語サービスをはじめるにあたって、さまざまなアドバイスを受けることができた。

委員会の会議は二〇〇一年度中に六回開かれた。そのうちの一回は併設の都市型産業支援施設、後の静岡市産学交流センターの基本計画策定委員会と合同の会議となった。会議での議論だけでは足りず、委員及び担当者の間で電子メールも頻繁にやりとりした。

第一回の委員会では、各委員から、障害者や静岡在住の外国人もターゲットにした図書館、バーチャルな図書館とリアルな図書館の接点、情報の扱い方が学べる図書館、電子メディアにも印刷メディアにもアクセスできるハイブリッド図書館、インターネットが使えない人を排除しない情報センター、ビジネスマンを明確なターゲットとした図書館、司書資格の有無より職員のコーチングが重視される図書館といった多様なイメージが語られた。委員長に就任した栗田氏は、それらを一言で「図書館に行けば何かがある、何かが情報として与えられる、そのような図書館をみなさんが望んでおられる」とまとめた。最終回となった第六回の会議では、想像力をかき立てられる棚、二つのフロアの間に人の流れをつくるシカケなど、具体的な細部にまで議論が及んだ。

会議の合間に、五人の委員全員が参加し、仙台市のせんだいメディアテークと宮城県図書館も視察した。特に、開放的な魅力に溢れたスペース構成と、図書館をはじめとした複数のメディアセンターの有機的な複合で全国から注目されていたせんだいメディアテークは、委員会の議論に大きな影響を与えた。私も、多数のノートパソコンがオープンスペースにさりげなく配置されている様子に不思議な感動を覚えると同時に、データベース等の電子メディアは図書館の情報サービスにもっと活かせるのではないか、といった議論を委員と交わしたことを覚えている。都市型産業支援施設との連携のあり方についても、共通の名称やデザイン面の統一の必要性など、多くの示唆を得ることができた。

長い議論の期間を経て、二〇〇二年五月、ようやく「(仮称)御幸町伝馬町地区図書館基本構想」が策定された。そこで定義された「新図書館の位置づけと特徴」は以下のとおりである。

現追手町図書館の単なる移転に留まらず、市街地中心部という地の利を生かし、都市型産業支援施設や大学交流センターと連携しながら、印刷メディアに加え最新の電子メディアを駆使して、地域に暮らし、働き、学ぶ人々のビジネス、学習等の活動を知的側面から支援する地域情報センターとしての役割を担う、静岡市中央地区の地域図書館とすることをめざす。

また、基本コンセプトとしては、次の六項目が掲げられた。

一　人・本・インターネットを通じてあらゆる情報にアクセスできる。

二　人々の情報編集を助け、情報リテラシーの習得を支える。
三　ビジネス情報を誰にとっても身近にする。
四　ビジネスパーソンに文化の刺激と安らぎを提供する。
五　二重の意味でのバリアフリーを実現する。
六　二重の意味での回遊性を実現する。

五の「二重の意味でのバリアフリー」とは、障害者・静岡在住外国人などさまざまな情報から阻害された人々にとっての使いやすさと、図書館と都市型産業支援施設を構成する四層のフロアの間のバリアを意識する必要のない使い勝手のよさを意味する。また、六の「二重の回遊性」とは、街の回遊性を高めると同時に、四層のフロア間を往来（回遊）しながら求める情報に近づくことができるしかけを用意することを指している。

現時点（二〇〇六年一〇月）でも、すべてのコンセプトが実現できたとは言えないが、ここに「ビジネス支援」が新図書館のコンセプトとして明確になった。また、五番目の項目の解説にある「障害者・在住外国人など、ビジネス情報に限らず、さまざまな情報から疎外されがちな人々にとっての使いやすさ」への志向は、もう一つの柱、「多言語サービス」として実現することになった。

「情報サービスにネットワーク環境が不可欠な時代となった。いまや、求められる図書館像は、印刷メディアと電子メディアを駆使して情報サービスを行なうハイブリッド図書館へと進化している。」という基本構想の状況認識にもとづき、この頃から、電子メディア関係の検討が本格化した。日本の公共図書館における商用データベースの本格的な閲覧サービスは先例がほとんどなく、ビジネス支援図書館推進協議会に参加する図書館・書店等の関係者に教えを請いながら、手探りで検討を進めた。

10　産業政策課との二人三脚

話は策定委員会の設置当時にまでさかのぼる。二〇〇一年七月二日、私は同じく図書館開設担当のSさんとともに、東京電機大学丹羽ホールの固い木の椅子に腰掛けていた。都市型産業支援施設の開設を担当している静岡市産業政策課のYさんたちも一緒である。そのホールで開催されたシンポジウムのタイトルは「ビジネス支援図書館への挑戦」、主催は前年の一二月に設立されたばかりのビジネス支援図書館推進協議会だった。シンポジウムでは、ジャーナリストの菅谷明子氏による「ニューヨークビジネス図書館最新報告」、秋田県立図書館の山崎博樹氏と浦安市立中央図書館長の常世田良氏（当時）による「ビジネス支援に動き始めた日本の公共図書館」と題するレポート、そして電気通信大学の竹内利明氏等によるパネルディスカッションが行なわれ、ビジネス支援図書館のコンセプトと可能性を知るには最高の場だった。私は設立当初からの会員の中に知人がおり、その紹介でこの催しを知ったが、一緒にどうかと誘った産業政策課の職員が二人も参加してくれたのは嬉しかった。以後、併設の二つの施設の開館を経て現在に至るまで、産業政策課（途中、経済政策課と名称が変わった時期もあった）と図書館のスタッフの緊密な関係が続くことになる、その始まりがこの東京でのイベントだった。

産業政策課スタッフとの交流を通じて理解できたことが二つある。ひとつはなぜ自治体がビジネス支援に取り組まなければならないのか、もうひとつは産業行政が図書館と組むことにどのようなメリットを感じているのかということである。

『都市型産業支援施設基本計画策定事業報告書』（二〇〇二年三月）によれば、一九九六年から一九九九年にかけての静岡市内の事業所の新設は三二四六件で廃業の六三〇七件に対し約半分であった。ここには、静岡市の産業が直面している問題が端的に現れている。静岡市の産業に活気を取り戻すという課題に正面から取り組むためには、創業者を増やすという課題は避けて通れない。産業が育つことは雇用や税収の増大にもつながる。ビジネスとりわけ創業に対する支援は今、地方自治体が直面している問題に対する正攻法のアプローチにほかならない。

二〇〇一年に静岡市内にある情報・環境・福祉の各分野の企業に対して行なったアンケート

の結果も興味深い。先の報告書によれば、回答した五七三社が行政に期待する施策の一位は「従業員の能力開発」（四七％）であり、「マーケット関連情報」（三〇％）、「販売ルート情報」（二八％）、「新製品・新技術情報」（二三％）等、情報提供への要望も強い。成人学習と情報活用への支援こそ、公共図書館が長らくその課題としてきたところではなかったか。報告書では、「都市型産業支援施設を情報面からサポートする施設」として位置づけられている。また、図書館はあらゆる層の市民、報告書の言葉を借りれば「従来、ビジネスとは疎遠だった主婦や学生、先生、高齢者、障害者など」に親しまれる、間口が広く敷居が低い施設でもある。図書館利用者への働きかけによって、今までの産業支援施設では考えられなかったような幅広い層が支援施策のメニューを利用するようになることが考えられる。

開館準備にあたる図書館スタッフにとっても、最初から産業政策課スタッフとの連携のメリットは大きかった。まず、静岡市の産業に関する動向や施策について的確なアドバイスを受けることができた。後で述べるニーズ調査に際してもさまざまな協力機関や団体を紹介していただくことができた。図書館の外に対等の立場で相談できる相手がいることで大きな安心感を得ることができたし、議論を通じて相互の理解が深まりサービスのイメージが具体的になっていくのは楽しいものであった。

開館まで二年以上に及ぶ関係の蓄積が、現在の相乗効果をもたらす強力な連携態勢につながっているのである。開館に際し、産学交流センターは指定管理者制度により運営されることになり、市直営の図書館とは大きくことなる経営方式がとられることになったが、そのことも両者の関係に悪影響を及ぼすことはなく、開館後のビジネス支援サービスは、図書館・産学交流センター・産業政策課の三人四脚で進められることとなった。

11　ニーズはどこにあるか

二〇〇二年五月に策定された基本構想の中では、ビジネス支援に比べて小さい扱いでしかなかった多言語サービスのプランが、その年度のうちに図書館開設担当スタッフの間で、第二の柱といえるくらい大きな位置づけになってきた。もちろん基本構想の中でも、「二重の意味でのバリアフリーを実現する」というコンセプトとの関わりで静岡在住外国人や多文化への配慮の必要性がうたわれていたのは先にも書いたとおりである。

しかし、今後の需要の増大が見込まれるサービスとして、多言語サービスをもうひとつの新図書館のアピール・ポイントとしようと私たち開設担当スタッフが考えたのは基本構想策定後のことだったのである。そのような判断の背景には、新図書館で口火を切らなければ本格的に取り組むチャンスは当分めぐってこないだろうという推測があった。しかし、静岡市内の外国人人口は急スピードで増えつづけており、一九九九年の旧静岡市と旧清水市の外国人登録人口が六一六三人だったのに対し、二〇〇三年の同じ地域の外国人登録人口は七九三三人で、四年間の伸び率は二九％、毎年の伸び率は三％を超えていた（『第二回静岡市統計書　平成一六年版』静岡市、二〇〇六年）。国の外国人政策の方向如何でさらに人口増のテンポが速まる可能性もあったので、この機会は逃すべきではないと考えたのである。

多言語サービスにしろ、ビジネス支援サービスにしろ、新しいサービスをはじめるときはそもそもニーズがあるのか、あるとすればどこにどんなニーズがあるのかを解き明かしていくことが必要である。それによって、はじめてサービスのメニューや資料の構成を具体的に考えることが可能になる。

二〇〇三年三月、私たち開設担当スタッフは新図書館に関する説明会を二回にわたって開催した。会場は静岡市立中央図書館の視聴覚ホール。基本構想等策定委員会の委員にもご出席いただき、参加者といっしょにグループに分かれて討論、そして一人一人に新図書館に期待することを書いてもらうというワークショップ形式をとった。新図書館の説明や質疑応答だけでなく、市民の図書館への望みをできるだけ引き出して具体的な設計やサービスに反映していこうという意図にもとづく試みである。

参加者からの期待の声は、運営・ビジョン・サービス・スタッフ・ネットワーク・コミュニケーション・資料提供というカテゴリーに分類し、のちに図書館のホームページで公開した。特に「ビジネスということばを広い範囲でとらえ、産業全般がいきいきできるような資料提供を考えてほしい」といった意見は、その後のコレクションの基調になったといえる。

約八〇名の参加があった二回の説明会を皮切りに、新図書館の新しいサービスに関するニーズ調査を私たちはたびたび行なった。先の説明会は誰でも参加できるものだったが、その後はサービスのターゲットにあわせて絞り込んだ人たちに向けての調査となった。

ビジネス支援サービスに関する調査としては、ＳＯＨＯ経営者へのグループ・インタビューと中小企業診断士へのグループ・インタビューおよびアンケート調査が主なものであった。いずれの場合も二〇〇三年度に産業政策課にセットしてもらった。ＳＯＨＯ経営者へのインタビューは、ＳＯＨＯのインキュベーション施設として成功をおさめているＳＯＨＯしずおかに入居している七名にお願いした。

多岐にわたる意見の中でも私たちが注目したのは「情報のコンシェルジュ」という言葉だった。複数の方が言及していたこの言葉が意味するところは、自分の専門外の分野の情報や漠然としたテーマの調べものの道案内をしてくれる人というイメージである。「調べもので行き詰まったときにルートを教えてくれる検索のアドバイザー」という発言もあった。「情報のコンシェルジュ」として語られたことは、御幸町図書館開館後も職員のサービスへの姿勢を示す重要なイメージとなっている。図書資料については、多様かつ新鮮な蔵書というイメージが繰り返し語られた。「図書館にはビジネス書が少ない」という意見、「自分の知らない業界の企画書を作成することもあるので、そういうときに役立つ本」という要望はいずれももっともだと思われた。

経営コンサルタントの国家資格である中小企業診断士の資格をもつ人々が集まる中小企業診断協会の静岡県支部も、ニーズ調査に協力してくださった組織の一つである。同支部を通じた中小企業診断士に対するニーズ調査では、ビジネスを支援する専門家に奉仕するか、支援がほしい一般の人たちのニーズに応えるか、という基本的な視点を教えていただいた。結論としては、新図書館がめざすものは支援の専門家ではなく支援を必要としている一般の人たちへのサービスであることが明確となった。サービスの方向がこのように定まれば、「スタッフやブレーンを欠いている小企業やSOHOにおいては、契約書等の基本的なビジネス文書の書き方さえわからないのが実情。計数管理のために必要な統計情報も不足している」といったアドバイスの重みも十分理解できた。以上のほかにも、SOHOしずおかのマネージャーを務める小出宗昭さんや情報サロン味岡を主宰する味岡美豊子さんなど、多くの方々から貴重なアドバイスをいただいた。

静岡市役所の国際交流課（現在は国際課）と静岡市国際交流協会の協力により、多言語サービスのためのインタビュー等を行なったのも二〇〇三年度のことである。最初、両者に相談を持ちかけたときは「どうして図書館が？」という雰囲気だったが、双方ともに情報収集に積極的に協力してくださり、最終的には国際交流協会の九人の外国人相談員（非常勤）への個別のインタビューを行なうことができた。

その結果、外国人住民のニーズにこたえるサービスとして、母国のベストセラーや現状がわかる雑誌・新聞、法律・教育・病気・生活習慣等に関する実用書、辞書、児童書、日本語学習用教材等の提供が望まれていることがわかった。また、サインや案内用のパンフレットに平仮名のふりがなや多言語の表記が必要という指摘や、職員は外国語ができなくても笑顔でボディランゲージも工夫しながらやさしい日本語でコミュニケーションをとればいいというアドバイスもたいへん有益だった。最後に述べた職員のふるまいのスタイルについては、御幸町図書館の全職員を対象として実施した異文化間コミュニケーション研修のワークショップのテーマとすることができた。この事業は、静岡大学情報学部の淺間正通教授をお招きし、社会教育二一世紀プラン（後出）の一環として実施したものである。

静岡市が設置した静岡市外国人住民懇話会でも、新図書館に関する委員の意見や質問を受ける機会をつくっていただいた。日本国内で外国人向けに発行されているエスニックメディアといわれる新聞や雑誌の購入、多言語対応のインターネット閲覧サービスなどについて提案を頂戴した。それぞれの外国人コミュニティの中でキー・パーソンとなっている人たちが関心を持ってくださったことも大きな収穫である。

開館準備の段階で国際交流課との協力関係を築くことができたおかげで相互理解が深まった。同課のYさんとKさんの尽力により、二〇〇五年に静岡市が策定した静岡市国際課推進計画の中に外国人住民に対する教育の推進のための施策として御幸町図書館の多言語サービスが位置づけられることになった。

12 開館へ

二〇〇二年五月の基本構想の策定から、二〇〇四年九月の図書館開館までの間に私たち開設担当スタッフが行なってきたことは、もちろんニーズ調査だけではない。御幸町図書館の現状を知るうえで重要と思われることに限って書き記すことにしたい。

御幸町図書館の特徴の一つである書架内の展示すなわち「見せる棚」を可能にした開架スペースの書架は、家具メーカーのイトーキが製作したものである。再開発ビル内の設計は制約が多い。書架をはじめとする家具の選定は、図書館側が自由に選べる「ハードウェア」の要素としては、決定的に重要なものだった。二〇〇三年九月に家具業者への合同説明会を行ない、その後、九社からプレゼンテーションを受け、関係各部局の職員からなる審査会において、安全性、機能性、拡張性、デザイン性等の視点から二社に絞った。最終的には見積価格の比較により、イトーキの家具に決定した。本を見せること、時に応じて見せ方を変えること、これらを通じて積極的に図書館の新しい使い方を来館者にアピールすることを考えていた私たちにとっては、とても使いやすい棚となったと思う。数分で展示のしかけができる手軽さには、実際にたいへん助かっている。側板と天板を木とする一方で棚板はスチールとしコスト削減と取り扱いやすさを両立させる一方、棚板については図書等の面展示が可能な仕様とすることを要求した結果の提案であり、選択であった。

インターネットと約二〇種類の商用データベースが閲覧できるパソコンが三〇台、検索結果を印刷できるネットワーク・プリンターが二台設置してあるというのも御幸町図書館の大きな特徴である。このデータベース閲覧システムは紀伊國屋書店と富士ゼロックスが開発したものである。最終的に「利用者・職員を問わず館内ならどこでも簡単にデータベースの検索と閲覧ができるようにすると同時に、検索結果の印刷や課金を可能にする」というコンセプトを満足させることができたが、システムの検討や商用データベースのタイトルの選定は、国内ではほとんど前例がないこともあり、手探り状態の中でなんとか開館に間に合ったという感がある。図書館の電子化の一環として、ＩＣチップを資料に添付し資料の不正な持ち出しの防止や自動貸出機による人件費削減に利用することも検討したが、そちらは静岡市立図書館全体の電算システムとの整合性の問題があり実現しなかった。

ビジネス支援サービスの前提条件となる実用書の品揃えと配架は特に迷いの多い領域だったが、私たち開設スタッフは滋賀県の高月町立図書館（当時）に赴き明定義人館長のお話をうかがうなかで多くのヒントを得ることができた。たとえば、実用書の水準はその分野についてまったく前提知識をもたない市民の目線を優先すること、資料の使われ方・借りられ方について仮説を立てて試し、実際の動きの観察結果と照らし合わせながら修正していくことなど、御幸町図書館の基本的な姿勢への影響は大きい。

御幸町図書館と産学交流センターの緊密な連携を象徴するＢ－ｎｅｓｔ（ビネスト）という共通の愛称は、二〇〇三年に公募したものである。愛称の公募は、「ビジネス支援」というわかりにくいものをＰＲしていくために必要なイベントということで、図書館と産業政策課、両サイドの意見が一致、八月から九月にかけて実施した。約二二〇〇点の候補が集まり、一一月に四人の外部委員による二回の選考会を経て、最終的に愛称は〈Ｂ－ｎｅｓｔ〉に決定した。「ビジネス」「ブック」「ブレークスルー」の〈Ｂ〉と「巣」の意味で「拠点」を連想させる〈ｎｅｓｔ〉の組み合わせで、「ビネスト」と読む。共通のロゴマークを使いながら、図書館はオレンジ、産学交流センターはブルーというようにイメージカラーを使い分けることで、連携と自立の両方の側面を表すことになった。なお、御幸町図書館という名称は、新図書館が立地する御幸町という町名にちなむものである。

二〇〇三年夏、私たち開設スタッフは慶應義塾大学文学部の糸賀雅児教授から文部科学省の新事業に関する情報をいただいた。社会教育活性化二一世紀プランと呼ばれるこの事業は、二一世紀には社会教育施設が中核となり、さまざまな機関と連携しながら地域課題の解決のために事業の企画・実施・立案をすることが求められているという観点で、先駆的な社会教育事業を地域から募ってモデル事業として実施しようというものであった。国の補助事業ではなく委託事業なので、経費が一〇〇％国から支払われるというのがたいへん魅力的だった。

教育委員会として検討した結果、ビジネス支援と多言語サービスのための研修、データベース検索のエキスパートであるサーチャーの配置、ビジネス支援のニーズや利用者像に関する調査等を骨子とする「情報活用型モデル図書館事業」というプランを申請し、二〇〇四年度の事業として承認された。特に、サーチャーの配置によって御幸町図書館のレファレンス能力は追手町図書館の時代に比べて著しく向上した。データベースの管理や活用もサーチャーの存在を抜きにしては考えられなかったといってよいだろう。なお、サーチャーの配置は労働者派遣法にもとづく人材派遣によるもので、二〇〇五年度と二〇〇六年度については静岡市単独の事業として予算要求して認められた。

職員以外の図書館運営の重要なサポーターとしては、個人ボランティアの存在も忘れることができない。六月の御幸町図書館の個人ボランティア募集事業も触れないわけにはいかない。二〇人の募集に対し、当時の追手町図書館長のWさんと私たち開設スタッフの面接を経て、最終的に五四人が登録された。研修を経て、書架整理・お話会等の業務を手伝っていただいているが、多忙をきわめる現在の御幸町図書館では、個人ボランティアの存在はたいへん大きなものである。

二〇〇四年度に入り、開館まで残り二ヵ月となった七月、ビジネス支援図書館推進協議会と静岡県教育委員会の共催により、静岡市内での「ビジネス・ライブラリアン講習会」の開催が実現した。これは、新図書館開館時のメンバーにビジネス支援に関する基礎的な知識や技術そして心構えをもってもらうために誘致したもので、主催者となった二つの組織と交渉し理解を得ることができた。静岡市からの一二人の受講者のほかにも静岡県立中央図書館、浜岡町立図書館（当時）等からの参加があり、県内初のビジネス支援サービスの本格的な紹介としての役割も果たした研修会であった。

御幸町図書館の開館のためにつけられた予算のうち、図書購入経費は約四〇〇〇万円である。一冊平均二〇〇〇円として二万冊。開館時点で用意するべき図書の二割にも満たない数である。追手町図書館から引っ越す分が蔵書の主体となるとはいえ、利用する市民に図書館のリニューアルを印象づけるには相当の工夫が必要だった。そこで、二〇〇四年度に入ってから地元経済に大きな影響力をもつ静岡銀行に図書の寄贈をお願いし、図書館のビジネス支援の意義を理解していただいて八月には五〇〇万円相当のビジネス書を頂戴した。

図書・データベースと並ぶ資料面のもうひとつの目玉である、約三〇〇タイトルの雑誌・新聞の選定も苦労した。発注のタイムリミットが近づくと、連日、夜中まで雑誌のカタログ類やインターネット上のデータと首っ引きでリストを作成することになった。

開館直後の二〇〇四年一〇月から翌二〇〇五年三月まで、御幸町図書館五階のフロアを舞台に、静岡市の生涯学習モデル事業として、「オムスビスト養成講座」と「金曜くるま座夜学」が行なわれたが、両講座は開館と同時に施行となった「静岡市立御幸町図書館ビジネス支援サービス等に係るＮＰＯ法人等との協働事業の実施に関する要綱」の最初の適用事例だった。この要綱は、「ビジネス支援サービス及び多言語サービスの充実を図るとともに、より市民に開かれた図書館運営を目指すため」（第一条）開館直前に策定したものであった。二〇〇五年度からは地元大学生が中心となって運営する「天晴れ門前塾」が、この要綱にもとづいて活動している。産学交流センターとの連携とは異なる脈絡での協働の試みといえるだろう。

二〇〇四年六月末をもって追手町図書館が閉館となり、八月上旬に追手町図書館と中央図書館にあった家具や資料が御幸町図書館内に引っ越すと、開館準備はいよいよ大詰めを迎えた。

八月から九月にかけて私たち開館担当スタッフは資料の受入と配架、サインや掲示物の作成、各種マニュアルの整備、開館記念式典と開館記念イベントの準備等の作業に忙殺された。開館前日の夜は一二時近くまで正規職員も嘱託職員も区別なく掲示物の展示作業などに打ち込み、他のスタッフが退館した後もその年の四月に配属されたUさんと私は明け方近くまで開館準備の最後の詰めを行なった。翌日の開館記念式典の模様はよく覚えていない。長年思い描いていたものがようやく現実の存在になったという安堵感と、もう一度図書館をつくってみたいという性懲りもない欲求を同時に感じたことだけは記憶にある。

こうしてまちの真ん中に図書館が出現した。開設準備のプロセスでは、まちに生きるさまざまな人々との連携と協働が大きな意味をもった。「まちの真ん中」とは単に物理的あるいは地理的な条件を指すのではない。むしろ、まちを行き交う人と情報の流れの真っ只中に位置し、その流れをますます活発にする装置が図書館ではないだろうか。御幸町図書館がそのような意味での「まちの真ん中」として成長していくことこそが、私の望みである。

あとがき

本書の企画をしたのは、実は御幸町図書館ができあがるずっと前であった。当初は開館にあわせてどのようなコンセプトで御幸町図書館が作られたのかを広く知ってもらうために出版したいと考えていた。なぜそのようなことを考えたかと言えば、基本構想等策定委員会でせんだいメディアテークを見学に行く際に決め手となった『せんだいメディアテーク・コンセプトブック』（NTT出版、二〇〇一年）があったからである。これと同じような、いわば「御幸町図書館コンセプトブック」を作りたいと思っていた。そこで、私が平野、豊田の両名に声をかけ、割り当てを決めて分担執筆することにした。しかし私が当初設定した締切までに原稿を仕上げることができず、ぐずぐずしているうちに開館後二年が経ってしまった。結果的に開館後の状況を本書に収めることができたのは怪我の功名である。

本書の内容については、いくつかの点でお断りをしておきたい。まず、本書で述べられていることは、すべて個人的な見解であり、著者たちの所属機関の公的な見解ではない。次に、図書館界では外国人へのサービスについては「多文化サービス」という言い方が一般的であるが、必ずしも一般の読者にはなじみがないと思われるので、「多言語サービス」という表現を用いている。また章ごとに著者を明示してあるが、全体の調整については、企画者である竹内の責任において行なった。

また、第二章から第四章については、豊田が過去に発表した文章に加筆修正したものである。具体的には以下の論考にもとづいている。

第二章「町の図書館にどこまでできるか：ビジネス支援と多言語サービスに挑む静岡市御幸町図書館Q＆A」（『二〇〇五　地域再生拠点としての公共図書館　生き残るための戦略と経営手法とは』高度映像情報センター刊、所収）

第三章「戦略的な選書のすすめ——ビジネス支援サービスの実践から」（『みんなの図書館』二〇〇六年六月号、所収）

第四章「ビジネス支援施設における図書館と産業支援施設の連携について——静岡市立御幸町図書館の場合」（『ＡＶＣＣライブラリーレポート二〇〇六　ビジネス支援図書館の展開と課題』高度映像情報センター刊、所収）

本書を成り立たせしめる上で最も大きな存在は、基本構想等策定委員会である。基本構想等策定委員会の成立経緯については第八章で触れられているが、実に知的な刺激と楽しみに満ちあふれた委員会であった。私は個人的には公共図書館作りにかかわるのは初めてであり、当初ずいぶん緊張していたことを憶えているが、会を経るごとにその知的ゲームを楽しむ余裕が生まれた。栗田仁氏（委員長）、草谷桂子氏、杉田至朗氏には改めてお名前を記してその知的負債に対してせめてものお返しをしたいと思う。委員会での議論においてはずいぶん勝手なことも言ったように思うが、それを受けとめる度量と構想という形にまとめあげる力が当時の委員会事務局にはあった。事務局の牽引役をつとめられたのは、当時静岡市立中央図書館長であった村松泉氏である。また初代の御幸町図書館長として、二〇〇六年三月まで従来の地域図書館としての機能と御幸町図書館に課せられた数々の新機能の調和に腐心された渡辺正人氏をはじめ、御幸町図書館の開設と運営に尽力した数十人の職員・ボランティアのみなさんの存在なしでは本書の存在はあり得ない。記してお礼を申しあげる。

さて、そのような楽しい雰囲気の中でできあがった基本構想の一つに「二重の意味での回遊性を実現する」ということがある。これは、「まちの真ん中」にある図書館に市中を出歩く人々が自由に出入りしながらまち歩きを楽しむイメージと、図書館の中で人々がフロアを回遊しながら情報にたどりつくイメージとを重ねたものである。これはあくまでもイメージであり、特に後者については実際の建物で実現するのは難しいだろうと思っていた。ところが二〇〇六年六月に訪米し、シアトル市立図書館を訪問して驚いた。図書館の中をぐるぐる回りながらスパイラルを描くように、しかも階段を使わずにフロアを移動することができるようになっていたからである。「やられた」と思うと同時に、そのユニークな建築や質の高いサービスで世界的に注目を集めているシアトル市立図書館と同じことを考えていたんだと思うとうれしくなった。御幸町図書館もシアトルに負けず劣らず注目されつづける図書館でありつづけてほしいと思う。

本書の成立については、勁草書房の町田民世子氏ぬきに語ることはできない。いつものことながら、なかなか原稿を書かない私への叱咤激励に始まり、本書の全体の構成、用語のチェック等で大変お世話になった。また校正の段階からは藤尾やしお氏の手をわずらわせた。記して心よりお礼申し上げる。

二〇〇六年一一月一五日

著者を代表して　竹内　比呂也

著者略歴（五十音順）

竹内 比呂也（たけうち　ひろや）

1961年　福井県に生まれる

1987年　慶應義塾大学大学院文学研究科修士課程（図書館・情報学専攻）修了

現　在　千葉大学文学部助教授、千葉大学附属図書館ライブラリーイノベーションセンター・リサーチフェロー

主　著　『変わりゆく大学図書館』（勁草書房、2005、共編著）
『ブラジル人と国際化する地域社会』（明石書店、2001、共著）ほか

豊田 高広（とよだ　たかひろ）

1958年　静岡県に生まれる

1981年　慶應義塾大学文学部社会学専攻卒業。同年静岡市役所入所

現　在　静岡市立御幸町図書館長

主論文　「NPO との協働による図書館経営」（『みんなの図書館』2000年５月号）「地方分権と図書館経営」（『図書館評論』42号、2001年６月）「漂流する図書館、漂流する私」（『みんなの図書館』2002年５月号）

平野 雅彦（ひらの　まさひこ）

1960年　静岡市に生まれる

現　在　アート・シーンから教育現場まで、ジャンルを超えた知を編集し続ける情報プランナー。広告賞多数。静岡市御幸町図書館基本構想等策定委員、静岡市図書館協議会会長、静岡大学人文学部非常勤講師

主論文　「静岡市立図書館への指定管理者制度導入をめぐって」（『図書館雑誌』2006年12月）

図書館はまちの真ん中
――静岡市立御幸町図書館の挑戦

図書館の現場⑥

2007年3月5日　第1版第1刷発行

著　者　竹　内　比呂也
豊　田　高　広
平　野　雅　彦

発行者　井　村　寿　人

発行所　株式会社　勁《けい》　草《そう》　書　房

112-0005 東京都文京区水道2-1-1 振替 00150-2-175253
（編集）電話 03-3815-5277／FAX 03-3814-6968
（営業）電話 03-3814-6861／FAX 03-3814-6854
本文組版 プログレス・理想社・鈴木製本

ISBN978-4-326-09832-3　Printed in Japan

常世田 良	浦安図書館にできること	四六判	二七三〇円
三田誠広	図書館への私の提言	四六判	二六二五円
根本 彰	続・情報基盤としての図書館	四六判	二五二〇円
杉岡 和弘	子ども図書館をつくる	四六判	二五二〇円
安井一徳	図書館は本をどう選ぶか	四六判	二二〇五円
根本 彰	情報基盤としての図書館	四六判	二九四〇円
津田良成編	図書館・情報学概論 第二版	A5判	二九四〇円
三田図書館・情報学会編	図書館・情報学研究入門	A5判	二八三五円
逸村 裕 竹内比呂也編	変わりゆく大学図書館	A5判	三〇四五円
緑川信之	本を分類する	A5判	三三六〇円
薬袋秀樹	図書館運動は何を残したか	A5判	三三六〇円
バーゾール 根本彰他訳	電子図書館の神話	A5判	三五七〇円
情報探索ガイドブック編集委員会編	情報探索ガイドブック	A5判	四六二〇円

＊表示価格は二〇〇七年三月現在。消費税は含まれております。